우린 달라졌을까?

인생과의 거리두기

여행을 통해 인생과의
거리두기를 하면서 자존감을 회복한다

"자신에 대한 존엄성이 타인들의 외적인 인정이나 칭찬에 의한 것이 아니라 자신 내부의 성숙된 사고와 가치에 의해 얻어지는 개인의 의식"

자신감을 남을 기준으로 나를 보여주는 마음이고 자존감은 나를 기준으로 남에게 보여주는 마음이라고 자신감과 자존감을 나눈다고 한다. 여행을 하다보면 많은 일을 경험하게 되는데, 그것을 "어떻게 받아들이느냐"에 따라 여행이 행복해질 수도, 불행해질 수도 있다. 긍정적으로 조금 더 여유를 갖고, 스스로 즐기고 내가 주인공이 되기를 바란다.

Intro

하루는 온종일 숙소에서 글을 썼다. 한적한 아침에 평화로운 일상에서 글을 끄적이니 왠지 기분 좋은 몽글몽글한 뭔가가 샘솟는 기분이었다. 내가 그리던 미래의 나의 모습을 실현시켰다는 사실에 기분이 좋아졌다. 여유로운 만큼 나태해지는 것도 마찬가지였다. 내가 쓰고 싶은 글은 글로 그치는 것이 아닌, 보는 사람으로 하여금 감정을 일으키는 글이었다. 때로는 휘날리는 비처럼, 때로는 시린 찬바람처럼, 나는 글에 자연을 담고, 세계를 담고 싶었다. 나의 지금 느낌을 담고 싶었다. 하지만 쉽게 되지 않아 게을러졌다. 마음에 들지 않을 때면 주변도 보고 머리를 식혔다.

집 곳곳을 돌아다니고, 밥 먹고 나서는 근처 마을을 돌아다녔다. 테라스가 있어서 문만 열면 시원한 바람이 머리를 식혀줬다. 나는 이곳에 거주하는 사람들이 부러워졌다. 마음만 먹고 나가면 펼쳐지는 아름다운 풍경이 있는, 산책 한 번

나가면 진귀한 풍경을 볼 수 있는 조지아 사람들이 부러워졌다. 나는 늘 이상적인 세계를 동경했다. 조지아와 같은 곳을 말이다. 나는 조지아를 여행하면서 내가 정작 하는 것이 뭐가 있나 의문이 들었다. 나에게는 대한민국 사람들이 가진 성공에 대한 신념이 없다. 그 대신 지금은 깨끗한 순수함이 있다.

황홀한 자연을 매일 보고 있다 보니 조지아에서 해방감은 없다. 대한민국이 동경하는 세계에 맞추려면 제자리에 멈춰있으면 안 된다는 것을 알지만 나는 늘 제자리걸음을 할 뿐, 나아가질 않는다. 누구보다 그 사실을 알고 있어서 침울해졌던 시기도 있었다.

모든 사람들에게 겉으로 보이지 않는 고뇌가 있듯, 나 역시 그런 고뇌를 했다. 그런데 직접 본 조지아의 생활은 그리 어려운 것이 아니다. 어느 누군가에게는 일상에 그치지 않는다. 어느 누군가는 내가 그리도 동경해왔던 꿈의 생활을 당연하게 해오고 있었다. 갑자기 박탈감이 든다. 오히려 스스로를 질책했던 나를 반성했다. 누구보다 나를 사랑해야 할 내가 질책만 하고 있었다는 사실에 부끄러워졌다.

내가 현지인처럼 살아보면서 느낀 것은 나는 제자리걸음만 한 것이 아니라는 것이다. 부족한 면이 있는 것은 사실이지만 그 사실을 아는 것만으로도 한 발짝 나아가고 있었다는 것을 왜 몰랐을까? 조지아 집에서 직접 살아보면서 나는 많은 것을 알았다. 문화, 생활양식, 주거환경. 그리고 나의 행보에 대한 생각의 전환, 터닝 포인트. 다시 한 번 여행의 의미를 찾았다.

내가 여행을 하고 싶었던 이유를 굳힐 수 있었다. 나는 여행으로 수많은 무언가를 알고, 나의 세계를 넓혀가는 것이다. 나의 그림을 그리고, 나를 알아가는 것

이다. 다르고 새로운 삶의 환경은 나를 일깨우고 나를 찾게 한다. 이것이 바로 인생과의 거리두기로 내가 여행에서 배운 것이 아닐까?

하얀색 도화지에 무엇을 그려 넣을 것인지 누구도 간섭할 수 없다. 나만이 그 대답을 안다.

INTRO

조지아

인생과의 거리두기

병원 병실에서 눈을 뜬 한 남자는 모든 것이 어리둥절했다. 병실 침대 주변에 있는 의료진들은 남자가 깨어나자 기뻐하는 표정을 지었지만 남자는 어찌할 바를 몰랐다. 큰 상처를 입고 머리와 팔다리에 붕대를 감고 있었고 온몸이 고통스러웠다. 하지만 남자는 그것보다도 자신이 누구인지 아무것도 생각나지 않는 것이었다. 혼란스러운 남자에게 의사가 설명했다.

"환자분은 교통사고를 당해서 큰 수술을 받으셨습니다. 그리고 사고 당시 뇌에 심한 충격을 받게 되었고 기억을 관장하는 부분이 문제가 되어서 기억상실증이 찾아왔습니다."

"의사 선생님. 기억을 되살릴 수 있는 방법은 전혀 없습니까?"

간절하게 말하는 남자에게 의사는 조심스럽게 대답했다.

"전혀 방법이 없는 건 아니지만 자칫 기억을 되살리려다가 시력을 잃을 수도 있습니다. 선택은 환자분이 직접 하셔야 합니다. 환자분의 기억을 되찾길 원하십니까? 아니면 시력을 잃지 않으면서 사시길 원하십니까?"

남자는 며칠 동안 심사숙고한 후에 의사에게 말했다.

"저는 과거의 기억을 되살리기보다는 제 시력을 그대로 유지하겠습니다. 제가 과거에 어디에서 무엇을 했느냐보다는 지금, 이 순간부터 앞으로의 남은 삶까지 어디로 가게 되는지를 계속 보는 것이 더 낫다고 생각했습니다."

과거의 일을 생각할 수 있지만 과거의 일을 다시 바로잡을 수도 바꿀 수도 없는 이미 닫혀있는 문이다. 하지만 미래의 일들은 바라볼 수 없지만, 새로운 가능성으로 열려 있다. 과거가 없으면 미래도 없다고 하지만, 과거에 실패와 성공에만 계속 얽매여 있다면 앞으로의 삶과 미래 또한 의미 있게 살 수 없다.

지하인간

장기간의 여행을 자주, 오래 하다보면 일반적인 직장생활은 하기 힘들다. 그런데 누구에게나 생활을 하기 위한 '자금'이 필요하다. 그래서 여행 작가들은 오랜 기간 동안 지속하기가 힘들어 자의건 타의건 여행 작가를 멈추고 일상적인 직장인이나 자영업을 하게 된다.

나또한 마찬가지였다. 여행을 하기 위해 단시간 막노동을 하던지 직장인이 되기도 했다. 그렇지만 새로운 여행을 위해 안정적인 생활을 마다하고 떠났다. 그런데 코로나 바이러스 같은, 지구 전체가 팬데믹^{Pandemic} 상황에 놓이면 여행을 멈출 수밖에 없다.

나의 마지막 일은 냉동기 보조업무였다. 큰 빌딩의 지하 마지막 층에는 커다란 냉동기가 있다. 여름을 대비해 냉동기를 정비해야 여름기간 동안 냉방을 할 수 있다. 단순히 각 층마다 에어컨이 있어서 각 방에 냉방을 하는 것이 아니고 빌딩 전체를 더운 여름에 냉동기를 돌려 냉방을 하는 것이다.

막 알게 된 친구와 술을 마시던 중, 친구에게 전화가 왔고 한참을 나가 있다가

들어온 친구는 술을 몇 잔 마시더니 나에게 말을 걸었다.

내일 나랑 일 하나 하고 올래?
갑자기? 그래 내일 할 일도 없으니 하자!

갑작스러운 친구의 말에 나는 아무 생각이 없었지만 다음 날 할 일이 없었기에
제안을 받아들였다. 술을 많이 마신 날이었기에 친구가 다음날 새벽 6시에 집
앞에 올 것이라고 생각하지 않았다. 그런데 정말 6시에 핸드폰이 울리기 시작했
다. 나는 알람을 맞춰 놓았다는 생각에 끌려고 했는데 전화기는 계속 울렸다. 그
리고 받았더니 친구였다.

빨리 나와?
나는 깜짝 놀라
알았어!, 근데 어디야?
집 앞이야.

그때부터 나의 마지막 직장 일이 시작되었다. 일은 냉동기 업체에서 보조업무를 하면 되는 것이었다. 힘든 일인 만큼 단시간에 받는 월급은 일반 직장인보다는 많았다.

3월부터 시작한 일은 며칠 동안 건물이 정해지면, 아침 일찍 빌딩에 도착해 지하의 가장 마지막 층으로 내려가면 일을 배당받아 하는 것이다. 새로운 빌딩에 도착하면 트럭에서 장비를 내려서 작업을 시작할 수 있도록 배치를 해 놓아야 했다. 건물의 지하 마지막 층까지 엘리베이터가 내려갈 수 있다면 쉽게 장비를 이동할 수 있었다. 그런데 빌딩의 절반가량은 엘리베이터가 마지막 층 전에 끝이 났다. 그러면 장비를 둘이서 셋이서 들고 내려가야 했다. 그런데 무거운 장비들은 계단을 직접 들고 내려가는 것이 쉬운 일이 아니었다.

때로는 위험한 장비들도 있었고 발을 헛디디면 다칠 수도 있었기 때문에 긴장을 해야 했다. 물론 보조업무이다 보니 잔소리를 들어야 할 수도 있었다. 그나마 다행인 것은 젊은 사람들과 같이 하지 않고 나이가 있고 힘이 있는 사람들만 일을 했기 때문에 하대를 받는 것이 심하지는 않았다.

날이 맑든 흐리든, 비가 오든, 황사가 오던지 매일 아침 지하로 내려가 일을 하면 지상의 날씨는 어떤지 알 수 없었다. 점심식사를 위해 엘리베이터를 타고 올라오면 날씨를 알 수 있었다. 봄이 오면서 날씨는 맑고 추위는 지나가고 있었지만 계절의 변화를 알 수 없었다.

처음에는 돈을 번다는 만족에 다닐 수 있었지만 점차 일에 적응을 하면서 같이 일을 하는 동료들의 영향을 받았다. 어두운 지하에서 일을 해서 그런지 사람들은 거칠었고 부딪치는 일이 생기게 되었다. 그러다가 새로운 생각을 하게 되는 일이 생겨났다.

같이 일하는 과장은 이 일이 아무나 알 수 없는 특수한 분야기 때문에 잘 배우면 새로운 사업의 기회가 올 수 있다고 이야기를 했다. 생각해 보니 틀린 말도 아니었다. 잘 배워서 새로운 일을 할 수도 있다는 생각으로 한 동안 다녔다. 일은 힘들어도 새로운 기회가 올 수도 있다는 희망으로 시간은 지나갔다.

한동안 정말 열심히 일을 했다. 몰입할 수 있는 일이 생겨났기도 했지만 일 자체가 너무 노동의 강도가 강했다. 퇴근을 하고 나면 나도 모르게 코를 골면서 잠을 잤고 새벽에 깨는 경우도 많았다. 게다가 주말에도 일이 있으면 피로를 풀지 못하고 일만 하는 경우가 발생하면서 직장인처럼 살았다.

"인생의 복기가 필요한 순간에
인생과의 거리두기가 필요하다."

수많은 선택이 계속되는 인생의 중요한 순간은 기억하는 것이 아니라 기억되는 것이다. 각 선택의 의미를 현명하게 파악하며 살아간다면, 훗날 인생을 복기할 때 아름답게 생을 돌아볼 수 있을지 모른다.

인생은 흘러가는 것이 아니라 채워지는 것이다. 우리는 하루하루를 보내는 것이 아니라 내가 가진 무엇으로 채워가는 것이다. 막연히 시간이 흘러가는 대로 세상을 산다고 내가 바라는 인생이 오지 않는다.

나에게 행복은 우리가 어떻게 끝을 맺느냐가 아니라 어떻게 시작하느냐의 문제이다. 또 우리가 무엇을 소유하느냐가 아니라 무엇을 바라느냐의 문제이다. 나에게 바라는 모습은 인생을 생각하면서 살아가겠다는 것이었다.

내가 잠시 멈추는 이 시간도 인생의 한 페이지를 담당할 것이다. 마음속의 자존감을 회복하고 돌아와 다시 일상으로 돌아가는 데에 도움을 줄 것이다. 자존감을 회복하는 데에 도움이 되기 위해 선택은 시작된다.

우리는 익숙해진 생활에서 쫓겨나면 절망하지만,
실제는 거기서 새롭고 좋은 일이 시작되는 것이다.
생명이 있는 동안은 행복이 있다.

– 톨스토이 –

이렇게 은퇴, 퇴직?

누구나 나이가 들면 일을 하지 못하고 은퇴를 한다. 이른 나이에 강제적으로 퇴직을 할 수도 있지만 오랜 기간 직장에서 일을 하면서 은퇴를 하기도 한다. 인간이 살아가는 기간이 90세 정도로 길어지면서 직장에서 은퇴를 해도 살아가야 하는 시간은 30~40년이 남아있게 된다.

은퇴건 퇴직이건 돈을 벌지 못하는 생활은 마음이 불안정하게 만드는 개인의 사건이다. 그래서 새로운 창업으로 활로를 모색하지만 새로운 일을 시작하는 것은 준비해야 하는 시간이 많은데 의외로 무모하게 새로운 일을 시작하는 사람들이 많다. 무모한 창업은 돈을 더 벌어줄 거 같지만 돈을 까먹는 더욱 불안정한 생활을 만들게 된다.

나는 일정한 시간을 가지고 여행을 하면서 자신만의 시간을 가져야 한다고 판단했다. 내가 잘하는 것은 무엇이고, 내가 가진 단점을 생각하면서 나의 장점을 부각하면서 앞으로 어떻게 살아갈지 고민했다.
이번 일을 끝내면서 나는 다시는 직장인이 되기는 힘들겠다는 생각이 들었다. 나이도 40대 후반에, 오랜 기간 동안 일을 할 수 없는 여행자의 특성상 나에게

직장은 적합하지 않다는 것은 어떻게 나에게 주어진 인생을 만들어 나갈지 고민
하게 만들었다.
그래서 나는 여행을 선택했다. 여행을 하면서 나를 돌아보는 시간은 반드시 필
요하다.
은퇴나 퇴사 후 여행이라면 암담하고, 도대체 돌아와서 뭐 할 거냐고? 묻는다.
퇴사의 경우는 더 많은 이야기를 듣는다. 나의 경우는 아니지만

"미친 거 아니냐고? 좋은 직장을 그만두면서 가서 뭘 얻을 거냐고?"

일부는 부럽다는 말도 가끔 있을 것이다.

아무튼 누구나 은퇴 후든 퇴사 후든, 자신을 돌아보는 시간이 필요하지만 단순하게 쉬든지, 여행을 하든지 응원보다는 의문을 설득해야 하는 기간 동안 긴 준비과정이 필요하다. 물론 마음속으로는 흔들리지만 겉으로는 흔들리지 않고, 준비를 해나가야 한다.

누구나 성인이 되고 나이가 많든 적든 하나의 큰일을 마무리하게 되면 퇴직, 은퇴라는 단어는 유종의 미를 거두었다는 이야기이다.
그래서 쉬는 시간에 '백수'라는 단어는 아직도 부정적인 이미지가 강하게 때문에 주위의 사람들에게 알린다는 것 자체가 처음에는 심적으로 곤란하다. 그렇지만 수없이 많이 생각하고 생각한 끝에 결정하므로 다른 선택이 없다. 일단 밀고 나가자고 생각해야 한다.

인생과의 거리두기
distancing oneself from life

Georgia

신비가 가득한 나라, 조지아

영화 속 세상같은 비현실적인 아름다움이 존재하는 조지아^{Georgia}, 태초의 인간이 꿈꾸었던 신비가 가득한 나라, 조지아 여행은 신선하다. 많은 한국인이 남미나 유럽 등에서 멀리 떨어진 이색적인 여행지를 찾아 떠나는 추세인데, 이제 태초의 인간이 태어나 지금까지 빠져들 수 있는 숨겨진 비경이 가득한 곳이 바로 조지아이다. 잘 알려지지 않은 미지의 땅으로 신비한 자연환경과 소박하면서도 독특한 조지아만의 문화를 체험할 수 있다.

아직 조지아 여행은 우리에게 쉽지 않다. 지금까지도 조금은 정치적으로 불안한 상황이 먼저 조지아 여행을 망설이게 만들었지만 조금씩 개선되면서 조지아는 전 세계 관광객의 관심을 한몸에 받고 있다. 조지아 밑에는 이슬람국가인 아제르바이잔과 이란이 있고 위로는 러시아가 있다. 그래서 이곳은 기독교와 이슬람 문화 대치되는 지점이기도 하다.

조지아는 오랜 시간을 터키와 러시아의 식민지 시절로 핍박받고 살았지만 문화에 개방적으로 적응하면서 유연하게 살아가는 국가이다. 기독교 문화를 가진 국가의 여행이지만 개방적인 민족성과 안전한 정교회 문화를 거부감 없이 접할 수 있는 나라로 계속 여행자가 늘어나고 있다. 이방인에게 더없이 궁금증을 자아내는 사람들이 사는 곳, 역사적으로 다양한 문화가 어우러져 멋진 모자이크를 이루는 조지아는 우리에게 점점 다가오고 있다.

조지아에 들어선 순간 까마득한 시간 여행을 떠난다. 바라볼수록 믿기 어려운 조지아의 풍경과 각 도시만의 아름다움을 보게 된다. 각 도시마다 오래된 흔적을 마주하면 오랜 시간의 흔적을 느낄 수 있다. 기독교를 전 세계에서 3번째로 받아들이며 살았던 교회는 그들의 역사이자 생활터전, 교회 안에는 화려한 색상의 이콘이 조지아의 옛 시절을 떠올리게 한다.

수 천년동안 유지되던 교회가 다시 전 세계인에게 각광받고 있다. 아름다운 자연뿐 아니라 조지아에서 빼놓을 수 없는 매력은 각 도시마다 있는 다양한 교회이다. 전 도시에 역사적으로 오래전에 만들어져 높은 산으로 둘러싸여있어 예로부터 외적의 침입에 대비가 가능했다고 한다. 이런 특징으로 인해 몇 천 년 동안 문화와 전통을 이어올 수 있었다.

조지아 여행을 준비하면서 지도 속에서 불을 훔친 프로메테우스를 가두었던, 지구를 받치고 있는 기둥의 하나였던 신화의 산, 카즈베기Kazbegi 산을 발견하고 당신은 가슴이 두근거렸다. 카즈베기 산 못지않게 노아의 방주가 발견됐다는 아라라트 산역시 조지아 여행의 매력중 하나이다. 코카서스 산맥은 신화가 되기에 부족함이 없었을 것이다. 여름에도 봉우리에는 만년설이 쌓여 있어 더욱 신비롭다.

차를 타고 조금만 걷기 시작하면 메스티아와 카즈베기가 기다리고 있다. 사방으로 끝없이 이어진 산들의 풍경이 장관이다. 뜨거운 햇빛을 받으며 걸어가는 사람들의 모습이 선명하게 보인다. 빙하가 흘러내려 바위들이 점점 더 실감나게 보인다. 말로만 듣던 빙하가 직접 흘러내리는 장면을 실제 와서 느끼는 경외감은 자연이 얼마가 거대하고 나를 작아지게 만드는지 알게 해준다. 기이한 풍경들이 탄성을 자아내게 한다. 바람이 만든 산의 무늬가 마치 물결처럼 보인다. 조지아를 찾은 여행자들은 자연이 만든 완벽한 촬영장을 배경으로 영화의 주인공이 되기도 한다. 어디를 봐도 한 폭의 그림이다.

어느덧 해가 지고 와인 한 잔과 함께 시간을 보내다 보면 한낮의 뜨거움을 식히고 있는 작은 마을의 풍경은 나의 마음을 차분히 가라앉게 만든다. 일몰풍경을 보고 나서 마시는 한잔의 와인이 나를 되돌아보게 한다. 저녁 무렵 카페에서 듣는 연주는 묘한 여운을 남긴다. 이곳에서 머무는 여행객들은 현대 문명에서 조금 벗어난 자유로움을 느낀다.

이 광활한 산맥의 한가운데서 뜻밖의 즐거움을 찾을 수도 있다. 겨울에 메스티아와 카즈베기에서의 보드 타기는 색다른 경험이자, 짜릿한 재미이다. 순식간에 언덕 아래까지 내려간다. 보드를 타기에 더없이 좋은 장소지만 올라오기까지는 만만치 않다. 돌아가면 후회할 것이 뻔하기에 타지 않겠다던 관광객들도 모두 한 번씩 타보게 된다. 낯선 여행자들도 조지아에 있다는 사실만으로 금방 친해진다.

밤하늘의 쏟아지는 별과 별똥별, 달과 함께 하는 메스티아의 밤은 황홀하다. 밤하늘의 흩뿌려진 수많은 별들이 내 눈 안에 그대로 들어온다. "지구 안의 외딴 별" 어쩌면 태초의 모습이 이렇지 않았을까 하는 생각을 해본다. 메스티아의 4,000m 위에 있는 사람만이 느낄 수 있는 별을 보는 각자의 감정들이 대미를 장식한다.

조지아의 하루

코카서스 산맥에서 와인과 함께 이민족의 침략과 핍박을 견뎌내고 살아온 조지아
는 신생 국가인 것처럼 느껴지지만 인간의 탄생과 함께 태어난 국가이다. 건축물,
클래식한 예술품, 햇빛으로 가득한 광장은 조지아를 정의해 주는 단어는 아니다.
조지아 사람들은 맛있는 맛집과 가장 좋아하는 와인에 취해 인생을 이야기하면서 행복해하는 시민들로 가득하다. 매일 밤 한가로운 시간대는 이른 오전, 사람들은 어제 마신 와인과 차차(소주와 비슷한 조지아의 전통 술)를 한 후 숙취가 아직 깨지 않아 침대에서 일어나지 못한 때일 것이다.

조지아의 국토를 지도로 살펴보면 수도인 트빌리시를 중심으로 하루씩 다녀올 수 있는 도시들로 이루어져 있다. 단지 풍광이 아름다운 카즈베기^{Kazbegi}와 메스티아 ^{Mestia}는 따로 다녀오도록 여행코스가 이루어져 있어서 여행하는 데 큰 문제는 없

다. 각 지역의 도시들은 도시마다의 특색이 있다. 쿠라^{Kura} 강에 의해 나누어지며 자갈길과 가로수 길로 연결된 올드 타운과 자유 광장을 중심으로 한 중심가는 트빌리시의 핵심이다.

특히 주소와 거리 이름이 헷갈릴 수 있는 오래된 지역을 방문할 계획이라면 반드시 지도가 필요하다. 역사적인 지역은 좁고 시원한 바람이 부는 거리들은 걸어서 구경하는 것이 최고이다. 먼 거리를 버스로 이용한다면 어디로 이동할지 아마 장담하기 힘들 것이기에 한참을 지하로 들어가 지하철을 타고 이동하는 것이 가장 실용적으로 트빌리시를 여행하는 방법일 것이다.

길을 잃는 것도 트빌리시에서는 여행하는 하나의 재미이다. 갓 오븐에서 구워낸 푸리^{Puri}를 만날 수 있는 화덕에서 고소한 냄새를 찾게 될 수도 있고, 북적이는 시내 거리 한 가운데서 예상치 못했던 숨겨진 카페와 마주할 수도 있다.

조지아의 메스티아와 카즈베기의 자연이 만든 작품을 경험하지 않고서는 조지아 여행을 했다고 할 수 없다. 코카서스 산맥이 만들어내 프로메테우스가 탄생한 자연의 걸작들을 만나러 가야 한다. 웅장한 성 코카서스 산맥과 함께 기원 전, 후로 코카서스 산맥의 성당 같은 조지아를 대표하는 두 명소들은 반드시 봐야 할 것이다.

경외롭기까지 한 코카서스 산맥 가까이에 있는 우쉬굴리 마을에 방문해 중세의 역사를 경험하는 것은 시간을 거슬러 올라가는 경험을 할 수 있는 좋은 시간이 된다. 여행이 지쳤다면 마을에 앉아 주민들과 편안하게 앉아 물 한 잔 대접받으면서 여유를 즐기면 된다.

조지아 여행은 음악, 음식과 함께 와인이 곁들여진다. 어디에서나 나만의 방식으로 음식을 즐기면 된다. 힝칼리와 하차푸리만 정통 요리라고 생각하지만 조지아 음식은 생각하는 것 그 이상이다. 계절 재료를 이용해 만든 간단하면서도 맛있는 음식들이 지천에 널려 있다.

트레킹을 하고 돌아와 늦은 오후, 광장에서 분홍빛으로 변하는 하늘의 변신을 맞이해 본다. 해가 진 후, 여기저기서 들리는 경쾌한 소리에 맞춰 카페에 앉아 돌아보는 인생은 슬픔과 환희를 생각하게 된다. 그렇게 자연이 들려주는 풍경과 함께 인생을 맛본 여행자의 하루는 간다.

인생과의 거리두기 여행, 조지아^{Georgia}

골목에서 느낄 수 있는 따뜻한 사람 사는 냄새가 반긴다. 시간이 피해간 듯 따뜻하게 나를 반겨주는 사람들, 그 사람 사는 냄새가 여행을 계속 떠나게 한다. 나의 예전 모습을 찾아보고 생각할 수 있는 시간은 관광지의 단순한 멋진 건축물에서 찾지는 못한다. 그것은 오래된 골목길이나 시장에서 찾게 된다. 그곳에는 나와 같은 인생을 가진 군상들과 골목길에서 나의 옛 시간들을 끄집어낼 수 있다. 나에 대해 생각해 보니 장점과 단점을 알게 되고 나에 대해 깊은 성찰을 하게 된다. 그래서 나는 자연의 향기를 품은 조지아로 여행을 떠나게 되었다.

아름다운 풍경이 지나가는 차들의 빛을 머금었다. 광장을 지나가는 차들의 소리마저 아름다운 노래 소리처럼 따뜻했다. 힘든 하루를 보내고 집으로 돌아와 따뜻한 이불속으로 들어왔을 때처럼 포근함이 느껴졌다.

여행을 하며 행복한 시간은 오랜 시간을 도시와 함께하여 자리를 잡고 한 공간의 온도를 온몸으로 느끼는 일이다. 전 세계에서 몰려온 관광객보다는 현지인과 함께 먹고 마시며 장소를 내 몸이 익히는 것이다. 관광객이 북적이는 관광지보다 한적한 로컬 공간, 지금까지 나를 위해 기다려준 시간에 감사한 마음을 가진다. 이런

공간은 내 몸으로 찍고 여행이 끝나면 사진으로도 같이 느낄 수 있다.

온 몸으로 여행지를 느끼는 가장 일반적인 행동은 현지의 맛있는 먹거리를 혀로 느끼는 것이다. 맛의 기억은 혀에서 입으로 뇌로 전해진다. 나는 조지아의 전통 음식 하차푸리Khachapuri, 므츠바디Mtsvadi와 함께 조지아 와인으로 현지의 감성을 입에서 뇌까지 전달한다. 맛의 기억은 여행지를 행복하게 기억하게 한다. 훌륭한 미각으로 현지를 감상해보는 것도 좋은 방법이다.

천천히 돌아보는 여행자의 풍경에서 남은 것은 한 장의 사진이지만 뇌의 기억은 평생토록 감동하게 만든다. 사진으로 여행지를 생각하다가 기대하지 않은 풍경에서 감동하는 느낌은 좋다.

한적한 시골마을에서 안내 이정표가 없어도 따라가다 보면 새로운 매력적인 나만의 관광지를 발견할 때가 많다. 그때마다 여행의 기쁨은 배가되어 행복해진다. 조용하고 바람소리만 있는 바닥에 앉아 오랜 시간 지친 나의 발을 바라보며 행복해한다. 복잡하고 북적이는 도시를 떠나 자연을 바라보며 마음이 더 끌리는 것은 조용한 나를 바라볼 수 있는 풍경이 더 끌리는 마음이다. 인간의 손길이 제한된 공간에서 나오는 자연의 풍경이 즐겁고 바람이 만든 황량한 산들도 반갑다. 자연만이 기억한 색을 사진에 담는다.

힘들다고 느낀다면 자신에 대해 생각해보라. 그리고 떠난다면 조지아Georgia를 추천한다.

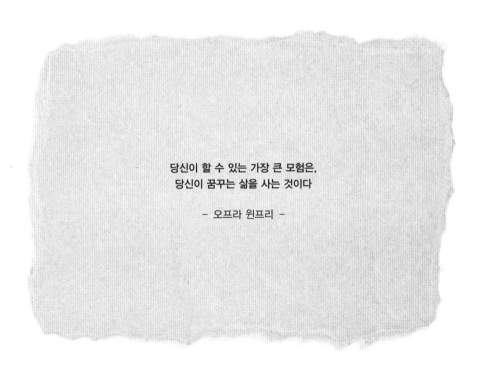

당신이 할 수 있는 가장 큰 모험은,
당신이 꿈꾸는 삶을 사는 것이다

- 오프라 윈프리 -

조지아에서 너에게 난

너에게 난 나에게 넌

- 자전거 탄 풍경 -

너에게 난 해질녘 노을처럼

한 편의 아름다운 추억이 되고

소중했던 우리 푸르던 날을 기억하며

우~ 후회 없이 그림처럼 남아주기를

나에게 넌 내 외롭던 지난 시간을

환하게 비춰주던 햇살이 되고

조그맣던 너의 하얀 손 위에

빛나는 보석처럼 영원의 약속이 되어

너에게 난 해질 녘 노을처럼

한편의 아름다운 추억이 되고

소중했던 우리 푸르던 날을 기억하며

우~ 후회 없이 그림처럼 남아주기를

나에게 넌 초록의 슬픈 노래로

내 작은 가슴속에 이렇게 남아

반짝이던 너의 예쁜 눈망울에

수많은 별이 되어 영원토록 빛나고 싶어

너에게 난 해질 녘 노을처럼

한편의 아름다운 추억이 되고

소중했던 우리 푸르던 날을 기억하며

우~ 후회 없이 그림처럼 남아주기를

너에게 난 해질 녘 노을처럼

한편의 아름다운 추억이 되고

소중했던 우리 푸르던 날을 기억하며

우~ 후회 없이 그림처럼 남아주기를

메스티아Mestia에 해가 지면서 빛이 사라지고 있었다. 그 때 생각난 노래가 위의 '너에게 난, 나에게 넌'이라는 노래였다. 영원토록 빛나고 싶은 것이 인간의 마음이기를 빛나는 것은 영원할 수 없다는 것을 안다. 메스티아에서 어디로 눈을 돌려도 해가 지는 풍경은 장관이다. 처음에는 해지는 풍경에 압도되어 베란다에서 한없이 바라봤다. 그때 옛 시절의 생각이 났다. 누구나 영원토록 빛나는 모습을 꿈꾸지만 현실은 그렇지 않다. 그래서 그 모습은 한편의 아름다운 추억이 되는 것이 아닐까, 갈 수 없기에 소중했던 푸른 날을 기억 속에 남도록 끝없이 되낸다.

슬프지만 아름다운

힘들었던 순간도 언젠가는 지나가며 세월이 지나면 그 순간도 다시 꺼내 이야기한다. 그 기억이 좋았던 안 좋았던, 중요하지 않다.

영원토록 빛나고 싶다.

진정한 생활은 현재뿐이다.
따라서 현재의 이 순간을 최선으로 살려는 일에
온 정신력을 기울여 노력해야 한다.

– 톨스토이 –

메스티아는 당신에게 어떤 느낌으로 다가올까?

여행자들이 조지아를 찾는 이유 중 가장 중요한 이유 중에 하나는 메스티아^{Mestia}를 보기 위해서이다. 여행자들은 수도인 트빌리시에서 1박2일이나 2박3일짜리 투어를 참가하기도 하지만 직접 야간 기차를 타고 새벽에 주그디디^{Jugdidi}로 도착한 후, 다시 마르쉬루트카를 타고 메스티아^{Mestia}에 도착한다.

그 이후에 우쉬굴리^{Ushguli} 트레킹을 하고 싶은 여행자를 모아 함께 차에 올라 깊숙한 우쉬굴리^{Ushguli}로 들어간다. 차를 타고 이동하는 시간은 우쉬굴리^{Ushguli}를 들어갔다 나오기 위해 추가적으로 기다려야 하는 시간이다. 차를 타고 고개를 하나둘 넘어갈수록 '메스티아^{Mestia}'는 제 속살을 유감없이 보여준다.

산맥이 끝없이 펼쳐지고, 어느 순간 방향 감각도 사라진다. 메스티아의 하이라이트는 우쉬굴리의 코쉬키에서 바라보는 노을과 마주하는 순간이다. 해가 지면 하늘은 초록이 배경에 깔리면서 짙은 황색으로 변하고 다시 다홍색으로 바뀌는 놀라운 자연의 쇼^{Show}를 선보인다. 화덕에 구운 조지아 와인과 육즙이 듬뿍 밴 양고기가 나오는 만찬도 일품이다. 식사가 끝나면 원하는 대로 밤늦도록 술판이 벌어진다.

은하수가 내려온다!!

맛있게 먹고 열심히 술을 마시면 행복에 젖어 잠자리를 청한다. 메스티아Mestia의 밤은 춥다. 그래서 숙소의 주인장은 도착하자마자 장작을 피우고 그 위에 러시아어로 '샤슬릭'이라고도 불리는 므츠바디Mtsvadi를 만들기 시작한다. 고기를 잘라 소금, 후추, 와인 등으로 간을 알맞게 한 다음 쇠꼬챙이에 꽂아 굽는 요리다. 조지아에선 포도나무 가지로 불을 피운 뒤 그 잔열에 익히는 것이 특징이다. 양고기, 소고기, 닭고기는 물론 주변 이슬람 국가와 달리 돼지고기 츠와디도 맛볼 수 있다.

와인과 고기를 맛있게 먹고 하늘을 보니 새로운 세상이 펼쳐졌다. 이곳에서 침낭을 덮고 누워서 하늘의 별천지를 만끽하고 싶다. 다들 자신이 태어나서 볼 수 있는 별은 다 본 것 같다고 말한다. 주위의 정적에 불빛 하나도 보이지 않는다. 이것이 여행자의 감동을 만드는 포인트이다.

눈을 감고 잠을 청하면 작은 동물들의 소리가 들린다. 그 소리에 문득 잠에서 깨어나 눈을 뜨면 은하수가 쏟아질 듯 늘어서 있다. 은하수를 더 보고 싶어서 밖으로 나가면 밤바람에 추워서 잠들지 못하고 덜덜 떨면서 별을 보는 재미에 빠져든다. 한밤중이 되면 은하수와 별똥별이 선사하는 환상적인 밤하늘이 선물처럼 펼쳐진다.

메스티아에서는 누구도 실망할 수 없다.
실망은 자신에게만 할 수 있다.

우리가 누리는 편리한 도시의 문명이 얼마나 소중한지 느끼게 된다. 물 쓰듯 쓰는 물은 당연한 것이 아니라는 사실을 알게 된다. 잠자리에서 별을 볼 수 있는 것이 얼마나 특별한 일인지, 아침이면 밤새 지나쳐 간 곤담과 가축들의 발자국을 발견하는 것도 또 다른 즐거움이다. 이곳에 오지 않았다면 분명 깨닫지 못했을 사실인 것이다.

세계에서 가장 높은 산은 아니지만 4,000m가 넘는 산들도 병풍처럼 둘러싸인 메스티아Mestia, 사방으로 끝없이 이어진 산들의 풍경이 장관이다. 뜨거운 도로를 걸어가는 사람들의 모습이 힘차 보인다. 저 멀리 보이는 하얀 빙하 속에 있는 돌들이 점점 더 커 보인다. 말로만 듣던 메스티아에 실제 와서 느끼는 경외감은 자연이 얼마가 거대하고 나를 작아지게 만드는지 알게 해준다.

내일 아침이 되어 일어나면 모두 퉁퉁 부은 얼굴을 보여준다. 잠자리가 불편하지만 누구도 불평하지 않는다. 오히려 새로운 에너지로 새로운 일상을 시작할 수 있다. 떠나본 사람만 느낄 수 있는 소중함과 특별함이 존재한다. 이제 우쉬굴리 트레킹을 본격적으로 떠날 때이다.

천국을 향하여

밤차를 타고 메스티Mestia아로 출발했다. 다행히 아직 춥지는 않다. 저녁의 쌀쌀한 기운이 나의 마음까지 춥게 만든다. 가을로 넘어가는 메스티아Mestia는 싱그러운 나무와 잎 새들이 아름다움을 감추기 시작하지만 아직도 햇살로 눈이 찡하고, 화창하게 나를 울컥하게 한다. 언제 이런 느낌을 다시 받을 수 있을까?

유럽의 여행자들이 사랑하는 애인과 가족들과 여름휴가를 보내며 추억을 남기기 시작하면서 조지아의 메스티아에서 보는 아름다운 자연을 전 세계에 알렸다. 이곳은 유명한 예술가가 탄생한 지방도 아니고 주위의 나라들로부터 침략을 당하면서 외적의 침입을 피해 숨어들었던 탑인 코시키Koshiki가 유명하다. 이제는 메스티아의 아름다운 산과 빙하, 코시키Koshiki를 자랑하면서 먹고 살고 있으니 아이러니한 일이다. 카페에서 커피 한 잔을 마시고 나와 세타광장의 햇빛 쏟아지는 거리를 활보했다.

반질반질 윤이 나는 돌이 박힌 골목길을 따라 마을 안으로 천천히 걸어 들어가면 한참 작은 광장을 지나 아기자기한 기념품 상점들이 나의 발걸음을 멈추게 한다. 대한민국에서 어디에서나 보던 체인점은 눈 씻고 찾아봐도 없고, 같은 간판의 매

장은 당연히 보이지 않는다. 이곳은 색감이 어찌나 고운지 아이들이 조립해 만든, 조그만 장난감 집 같다. 아니면 영화를 위해 정교하게 제작한 세트장 같기도 하다.

해까지 쨍쨍한 파란 하늘에, 한여름 밤의 요정이 간밤에 마술을 부려 새로 색칠한 컬러링 북에 있는 건 아닐까 주위를 둘러본다. 파란 햇살은 선명하게 빛이 나고, 파스텔 색의 주위 건물은 겉보기만 예쁜 건 아닐까하는 생각이 든다.

광장에는 다양한 양식의 건물이 둘러싸고 있지만 어느 건물이 어떤 양식인지는 잘 모른다. 고딕, 르네상스, 아르누보 등 시대별로 유행한 다양한 양식을 내가 아는 것은 사치 같기만 하고 나는 파란 하늘과 대비된 건물에 빠져들었다. 그렇게 햇빛에 나의 얼굴은 점점 땀으로 범벅을 하고, 걸어서 마을의 비경을 찾아 메스티아 박물관 위에 올랐을 때 감탄과 함께 환하게 웃는 얼굴에 드러난다.

하늘에 폭신하게 깔려 있는 하얀 구름과 동그랗게 돌아가야 하는 굽이치는 하천을 따라 짙은 갈색의 작은 집들이 바닥을 색칠하고 있다. 위에서 보면 마을을 안고 흐르는 작은 물줄기는 아기자기하기도 하고 장관이기도 하다.

수천만 년의 작은 물이 만들어낸 작은 강줄기일 뿐인데 감탄사가 자연스럽게 나온다. 옆에서 보던 관광객도 무슨 말인지는 모르지만, 그녀의 얼굴을 보고 감탄하고 있다는 것을 알 수 있다. 이럴 때는 무슨 말을 해야 하는가? 내 안에 많은 형용사적인 시적인 언어는 나오지 않고 계속적으로 아름답다는 경탄하는 문구들만 두서없이 튀어나오고 있다.

아름다운 풍경에 반한 사람들은 연신 카메라를 들고 이리저리 찍어댄다. 나는 카메라에 손도 안 대고 화창한 햇살을 온 몸으로 느끼고 있다. 이제 메스티아에서 지도도 필요 없다. 박물관 옥상에 올라 마을을 굽어보고 눈이 보고 머리가 느끼는 순간 따라간다. 나도 모르는 길이지만 겁나지도 않는다. 희망이 느껴지는 길이 골목길이다.

Tip 포토 스팟
스바네티 박물관에는 메스티아의 다양한 유물을 보러 오는 관광객도 많지만 아름다운 코쉬키로 이어진 마을의 모습 볼 수 있기 때문이다. 첫 번째 장소는 박물관 내에 있는 로비로 침대처럼 넓은 소파가 보인다. 소파가 주인공이 아니고 벽을 넓게 자리하고 있는 유리창을 통해 바라보는 모습이 압도적으로 매력적이다. 두 번째 장소는 입구의 왼쪽으로 돌아가면 철제 계단을 따라 옥상으로 올라가면 360도로 보이는 마을의 모습을 다양하게 볼 수 있다. 이곳에서 찍은 사진은 누구나 사진작가로 만들어주는 최고의 지점이다.

코시키 | Koshiki

코시키는 보통 3층의 구조로 1층은 가축이 살고, 2층에는 사람들이 거주하며, 3층은 전쟁 등의 유사시 대피하는 곳이다. 외관으로 보면 입구가 안 보이는 경우가 많다. 외곽에서 들어오지 못하도록 해야 하기 때문에 사다리로 올라가야 들어올 수 있다. 사다리가 없으면 아무도 들어갈 수 없도록 만든 구조다. 외적의 침입이 많았던 조지아는 예전에 집마다 하나씩 가지고 있었다고 전해진다. 스바네티^{Svaneti} 지역은 집마다 하나씩 세웠지만 다른 지역은 마을에 하나 정도만 남아 있다.

세티 광장 | Seti Square

메스티아에서 가장 관광객이 많이 머무는 곳은 세티 광장이다. 광장 주변에는 다양한 숙박시설과 카페, 레스토랑이 있어서 밤까지 사람들이 북적이는 유일한 장소이다. 광장의 중심에는 타마라 여왕의 동상이 서 있지만 여름이 지나면 관광객이 빠지면서 점차 적막해진다. 오른쪽에 새로 만들어진 건물에는 시청사와 경찰서가 있고 입구를 나오면 트빌리시나 바투미 등으로 이동하는 미니버스인 마르쉬루트카가 대기를 하고 있다.

우쉬굴리(Ushguli) 3박4일 트레킹

스바네티^{Svaneti} 지방에서 가장 인기가 있는 메스티아^{Mestia}부터 우쉬굴리^{Ushguli}까지 약 50㎞를 3박4일 동안 트레킹 하는 것이 가장 인기가 높은 트레킹이다. 우쉬굴리^{Ushguli} 트레킹을 위해 메스티아를 찾는 사람들도 많은 정도로 메스티아^{Mestia}에서 가장 많이 듣는 단어이다.

우쉬굴리 트레킹의 매력

1. 독특한 삶

우쉬굴리Ushguli의 떨어진 위치와 마을 사람들의 독특한 삶은 우쉬굴리를 메스티아의 대표적인 코스로 바꾸어 놓았다. 외떨어진 가혹한 위치는 우쉬굴리Ushguli를 현대화 된 조지아의 다른 지역과 격리시켰지만 많은 스바네티Svaneti의 종교와 문화적 전통은 사실상 그대로 남아 있다.

2. 코쉬키에서 바라보는 풍경

우쉬굴리^{Ushguli} 전역에는 약 20개가 넘는 중세의 전형적인 '코쉬키^{Koshiki}'가 있으며 좁은 자갈길에서 주민과 행복하게 어울리는 염소, 돼지, 소들이 있다. 마을 위를 조금 걸어가면 12세기로 거슬러 올라가는 라 마리아 예배당이 있는 작은 언덕으로 연결된다. 예배당은 웅장한 오래된 프레스코화로 가득하다. 넓은 계곡은 꽃이 흩어져있는 고산 초원을 통해 샤크하라^{Shkhara}의 발끝으로 이어진다.

한눈에 일정 파악하기
1일차 | 메스티아^{Mestia}에서 자베쉬^{Zabeshi}까지 트레킹(14㎞, 7시간)
2일차 | 자베쉬^{Zabeshi}에서 아디쉬^{Adishi}까지 트레킹(10㎞, 8시간)
3일차 | 아디쉬^{Adishi}에서 이프라리^{Ifrari}까지 트레킹(15㎞, 8시간)
4일차 | 이프라리^{Ifrari}에서 우쉬굴리^{Ushguli}까지 트레킹(10㎞, 6시간)

달라졌을까?

조지아^{George}가 대한민국의 여행자들에게 관심을 받고 있다. 많은 관광객들이 대부분 코스를 짜고 코스에 맞추어 10일 이내로 동남아시아든 유럽이든 가고 싶은 여행지로 떠났다. 유럽 배낭여행도 단기적인 여행방식에 맞추어 무지막지한 코스를 1달 내내 갔던 기억도 있지만 여유롭게 여행을 즐기는 문화는 별로 없었다.

바쁘게 살아가는 대한민국에서 오랜 시간 일을 하지 않고 여행을 가는 것은 상상하기 힘든 것이다. 하지만 장기 불황에 실직이 일반화되고 멀쩡한 직장도 퇴사를 하면서 자신을 찾아가기 위한 시간을 자의든 타의든 가질 수 있게 되는 것처럼 여행도 이전과는 다르게 조지아^{George} 같이 모르던 나라들로 여행을 떠난다.

여행을 하면 "여유롭게 호화로운 호텔에서 잠을 자고 수영장에서 여유롭게 수영을 하면서 아무것도 하지 않는 것이 꿈이다"라고 생각하면서 여행을 하는 경우가 많다. 여행을 하면서 아무것도 안 하고 그저 바라만 봐도 여행이 아름다울 수 있는 곳은 많지 않다. 조지아를 여행하면서 나, 자신에 대해 생각을 하게 된다. 일상에서 벗어나게 되므로 새로운 위치에서 자신을 볼 수 있게 되기도 하지만 조지아의 광활한 풍경을 보면서 나는 내면의 나에게 물어보았다.

"달라졌을까? 나는"

인생을 살면서 후회하는 행동이나 인생사의 커다란 일을 생각하면 그때 다른 행동을 했다면 선택을 했다면 "나의 인생은 좀 달라졌을까?" 문득 궁금했다. 스스로 나를, 외로운 나를 만들었지만 그런 생각은 없어지지 않았다.

혼자서 조지아를 여행하면서 지금에 와서 후회를 하면 뭐 하겠니? 다시 그때로 돌아가면 달라졌을까? 한 번 다시, 주위 사람들에게 이해하고 다른 행동을 하고 살았다면, 예전에 그녀에게(그에게) 다시 바라봤다면 그립지는 않을까? 하게 된다.

사람들은 살면서 많은 후회를 하고, 그때로 돌아간다면 달라졌을까? 라는 생각을 하게 되지만 결국 바쁘게 삶에 지쳐가면서 살아가는 것을 후회한다. 또한 욕심에 인생이 나락으로 떨어진 많은 사람들도 물질적인 풍요를 따라가면 좋아질 것이라는 환상에 빠져 살았던 삶을 후회할 수밖에 없다.

그럼 이제와 후회한다고 다시 그때로 돌아간다고 바뀌는 것도 아닌데, 생각을 뭐하러 하냐고 묻는다면 "그렇게 자신에게 묻는 질문들이 자신을 찾게 되는 첫걸음일 수도 있다."고 이야기 한다.

후회로 점철된 인생을 떠올린다고 달라지지는 않아도, 이번 생은 처음이라서 망했다! 라고 생각한 인생도 다시 생각해본다. 사람의 인생이 반드시 물질적으로 풍요해도 정신적으로 피폐하다면 그 인생도 결국 실패한 인생이다.

나는 여행을 한다고 내 인생이 달라질 것이라는 생각을 하지 않는다. 하지만 자신을 돌아보는 시간이 없다면 언젠가는 다시 걸음을 멈추고 인생을 생각해야 하는 시간은 반드시 돌아온다. 조지아에서 넉넉한 자신을 돌아볼 수 있는 시간이 생겼다면 외로운 시간을 가지면서 자신을 돌아봐도 좋다. 누구나 자신의 인생은 소중하다. 물질적으로 풍요롭지 않아도 뒤떨어진 나에게도 인생은 소중하다.

1등에게만 인생은 소중하고, 사회에서 물질적으로 성공을 거두었다고 하는 사람의 인생은 소중하지 않다. 실패로 점철되어도 모든 사람의 인생은 소중하고 더 좋아질 수 있다는 희망을 다시 갖게 되는 시간이 필요하다.

여행을 하면서 전 세계를 다녀보았다. 동남아시아가 저렴한 물가에 살기에 편하다고 한 달 살기의 성지라는 단어까지 써 가면서 오랜 시간을 여행하지만 나는 세상과 단절된 메스티아에서, 사람이 한명도 지나가지 않는 시골구석에서, 오랜 시간을 보내면서 나에게 질문을 하게 되는 단조로운 일상에서 나에게 물어보면서 시간을 보내고 다시 돌아왔다. 누군가가 조지아 여행을 한다면 자신에게 질문하는 시간을 가져볼 것을 권한다.

울다 지쳐 잠 들어도, 스스로 나를 외롭게 만든다고 해도 ...

다시 그때로 돌아가도 "달라졌을까?"
달라지지 않는다.

하지만 나의 인생은 소중하고 달라질 수 있다는 믿음으로 살 수 있다.

특별한 날

여행을 하다보면 별다른 특별하지 않은 날이 없다. 사람들은 일터로 떠나지만 나를 느즈막하게 일어나 카페에 들러 책을 읽는다. 어제 트빌리시의 유황온천을 따라 난 골목을 돌다가 보이는 이슬람의 흔적들 때문에 궁금증이 생겼고, 그래서 계속 트빌리시의 색다른 역사에 대한 내용이 궁금해졌다.

남이 보면 매우 불편해 보일 자세지만 길쭉한 소파에 몸을 대충 눕혀 놓고 책을 읽는 데 꽤나 몰입이 되었다. 이 책은 트빌리시의 역사에 대해 나온 중고책이다. 낮이라도 창의 암막을 반쯤 내리고 따뜻한 색의 램프를 켜 놓았다. 공간이 꽤 아늑하게 만들어 나가서 여행을 해야 하는 데 카페에서 하루 종일 있는 싶은 느낌이다.

유행이 아닌 나의 관심이 생겨 구입한 책을 읽을 때면 몰입도가 배가 된다. 오늘 오후는 트빌리시의 골목길을 걸으면서 사람들의 옛 생활을 상상하면서 걸어 나갈 것이다. 책 안의 사람들과 나, 같은 도시에 꽤나 오랜 시간이 지났지만 예나 지금이나 같은 모습이므로 나는 다른 시간에 그들을 바라볼 수 있다. 길거리에서 반갑게 인사라도 해주면 그들이 마치 옛 모습의 몰타 사람들로 오버랩 되어 보인다.

창문의 낮아진 햇빛이 책상으로 들어온다. 대충 접혀 있는 책이 햇빛에 투영된 모

습이 너무 아름답다. 우연히 햇살의 빛깔과 싱싱해 보이는 책이 책상 위에 올라간 모습이 너무 아름답다. 내가 이제 나이가 들었는지 우연치 않은 순간에 발견하게 되는 아름다움에 감탄하고 있다. 학교에서 수업시간에 지루하면 어쩔 수 없이 몰려오는 졸음에 나도 모르게 선을 그리면서 교과서의 한 페이지에 나도 모르는 입체 그림을 그렸었다. 그러다가 대충 그린 선이 만들어 낸 그림은 누가 그린 그림보다 아름다운 작품을 만들 때가 있다. 그러나 역사가 짙게 내린 건물들은 누군가 모르게 만들어낸 것들이 아니다. 그들이 오랜 세월을 이곳에서 행복과 슬픔이 내려 있는 건물들이다. 그러므로 나의 얼토당토한 그림과는 차원이 다르다.

하지만 이미 완벽한 건물로 만들어진 현대식 건물에서는 감탄을 느끼지 못하는데, 역사가 쌓인 건물에서 여행 중 우연하게 마주친 그 골목의 건물이나 작은 모퉁이에서 가끔씩 정말 황홀함을 느낀다.

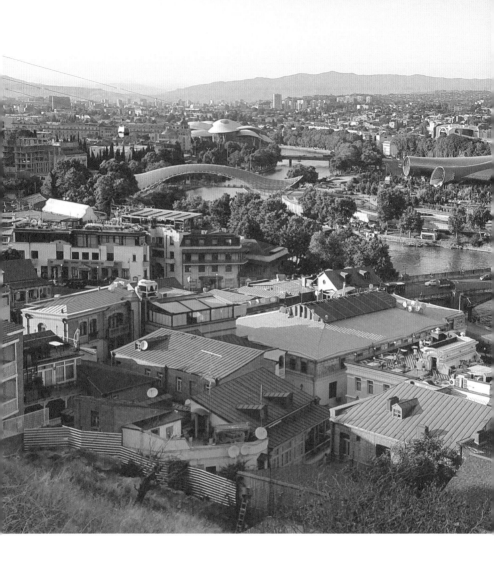

이게 나만이 아니었다면 좋겠다. 그런 즐거움을 이야기하면 좋겠는데, 쉽지 않다. 우연이 예술을 집어삼킬 수도 있고 우연히 생각난 영감이 명작을 탄생시킬 수 있지만 건물이 지켜오면서 살아온 건물의 삶은 충만하고 만족스럽고 감탄스럽다. 오랜 세월 무심하게 보낸 작고 힘없는 나라, 조지아에서는 책을 마저 읽다가 천천히

이동해야 한다. 매일의 따사로운 햇빛, 싱싱함이 살아 있는 골목, 거리의 야채와 과일이 하루를 살아가도록 충전시키는 것 같다. 이것만으로도 나는 조지아 여행의 어려움을 극복할 힘이 생긴다.

질풍노도

조지아의 트빌리시에서 국회의사당에서 자신의 주장을 피력하는 마이크를 들고 연설하는 사람들을 보면 '질풍노도'라는 단어가 생각난다. 오랜 시간을 다른 나라에게 핍박받으면서 살다가 근대에는 러시아의 한 지방으로 있었다. 최근에서야 독립한 조지아는 우리에게 한동안 '그루지야'로 알려진 신생국가이다. 아직도 러시아의 영향력이 크고 침략도 받아 경제적으로 서방국가를 피력하면서 국가의 이름도 조지아로 바꾸었다. 그렇지만 친 러시아와 친 서방 정당들이 싸우면서 아직도 서민들의 삶은 나아지지 않고 있다.

도덕시간에 '질풍노도'라는 단어를 처음 접했다. 때론 잠시 방황할 수 있고 그릇된 길로 가기도 하지만 내 자신을 변화시키기란 매우 어렵다. 그럴 때마다 바로 나를 향한 변함없는 사랑과 신뢰가 질풍노도를 끝내게 한다.

이 말의 뜻처럼 조지아 사람들은 조지아를 너무 사랑한다. 사랑이 너무 과해서인지 아직도 서로 싸우고 또 싸운다. 국회의사당을 지나갈 때마다 나는 조지아가 질풍노도의 시간을 끝내길 바라면서 앞만 보고 지나간다.

두려움 VS 희망

조지아George라는 나라의 운명은 그야말로 롤러코스터와 같은 거 같다. 한때는 좋았던 시절도 있지만 전쟁이 일어나고, 침략을 받아 힘들게 사는 조지아의 서민들은 항상 힘들다. 그들과 이야기를 하면 처음에는 허풍을 치면서 자신과 조지아의 좋았던 때를 이야기하지만 조금 더 친해지면 힘들었던 이야기를 술을 마시면서 이야기했다. 그러면서 항상 술과 노래로 희망을 말하면서 끝을 냈다.

햇볕이 쨍쨍 내리쬐는 맑은 날이었다가도 갑자기 바람이 불고 장대비가 쏟아지기도 하고, 너무 캄캄해서 아무것도 볼 수 없는 밤이었다가도 금세 해가 동트는 아침이 되기도 한다.

그래서 더 살아봐야 한다는 희망을 가져야 한다고 하지만 또 알 수 없는 게 우리 인생이라고

각자들 생각은 다르지만 분명한 건 절망 끝에는 희망이 있다는 것은 분명한 것 같다. 그래서 누구나 절대 포기하거나 좌절하지 말아야 하나보다. 다시 일어서서 걸어가면 좌절의 순간은 멀리 사라진다.

누구나 개인도 힘들 수 있다. 하지만, 반드시 다시 일어설 수 있다는 희망이 있어야 한다. 힘을 내 먼지를 툭툭 털고 걸어갈 수 있어야 한다. 두려움은 희망을 싹 틔우고 희망은 두려움에서 커져 가기 때문이다.

많은 사람은 단순히 자신의 편견을 재배치해 놓고
이것이 새로운 생각을 하고 있다고 믿는다.

– 윌리엄 제임스 –

트빌리시의 낭만

햇볕이 따사롭게 내리쬐는 나른한 오후에는 트빌리시의 분위기 좋은 카페에서 즐기는 재미가 있다. 특히 기온이 내려가는 가을에 비가 내리는 날에 창문 밖으로 보이는 넓은 카페에 앉아 커피 한잔을 마시며 편안한 오후를 즐겨 보는 것도 트빌리시에서 느낄 수 있는 낭만이다.

커피는 유럽에서 나라마다 조금씩 다른 커피 맛을 즐길 수 있다. 유럽의 프랑스는 카페Cafeé, 이탈리아는 카페Caffe, 독일은 카페Kaffee등으로 부르는 데 각 나라마다 커피 맛도 조금씩 다르다. 커피를 즐기기보다 와인을 더 소중하게 생각한 조지아였지만 현재, 조지아의 트빌리시는 유럽의 많은 여행자들이 방문한 탓인지 프랑스의 카페Cafeé나 이탈리아의 유명 브랜드 커피 문화가 들어와 유행을 하고 있다. 그래서 트빌리시는 커피를 내리는 방식이 유럽과 거의 비슷한 느낌이다. 트빌리시에서 있으면서 시내를 돌아다니면서 여행을 하다가도 분위기 좋은 카페에 들어가 오랜 시간 즐겨도 트빌리시는 누구나 뭐라고 하는 사람이 없었다. 다행히 카페가 꽉 차는 일도 없어 특별히 미안해지지 않아도 되어 좋았다. 더 좋으면 카페의 직원이나 주인과 대화를 하면서 조지아에 대해 알 수 있는 시간은 더욱 좋았다. 자주 가는 카페가 생기면서 그들과 대화를 하는 시간도 많아졌다.

트빌리시는 상당히 국제화된 커피를 즐긴다. 그래서 우리가 마시는 커피 메뉴와 다르지 않아서 이질적인 커피가 아니고 동질적인 커피일 것 같다. 그러나 트빌리시가 아닌 지방의 많은 카페에는 커피가 현지화 되고 카페도 조지아 분위기인 곳도 상당히 많다. 조지아를 한 달 살기에서 해볼 수 있는 것 중에 커피를 즐기면서 카페를 다녀보는 것도 추천한다.

대한민국에서 가장 많이 팔리는 커피 메뉴인 아메리 카노는 기본이고 유럽에서 많이 마시는 에스프레소, 카페 라떼와 함께 빵을 마시면서 카페에서 즐길 수 있는 것도 상당히 재미있다.

19세기 유럽의 카페에서 문학가나 화가 등의 예술가들이 자신들 서로 좋아하는 사람들끼리 모여 사색하고 토론하면서 저마다의 독특한 카페 문화를 만들어 유명해졌다면 트빌리시는 유럽의 장기여행자가 많으므로 새롭게 일하는 형태인 디지털 노마드Digital Nomad가 생겨나기도 한다. 유럽의 회사에서 일하지만 트빌리시에서 자신이 일을 하며 교류할 수 있는 디지털 노마드Digital Nomad가 트빌리시에서 볼 수 있다. 그들은 카페에서 만나고 이야기하고 같은 직종의 일을 하면서 더욱 친해진다. 이제 낭만적인 파리의 카페가 아니고 21세기, 트빌리시의 카페 문화가 전 세계로 퍼져 나갈지도 모른다.

느슨한 형태의 직장이자 같은 공간에서 일을 하지 않고 아시아와 유럽의 경제 지점인 조지아에서 한 잔의 커피 속에 잠시나마 여행의 느낌을 느낄 수도 있고, 직장인의 중간 지점에서 각자 사색과 고독을 음미하고, 현지인들과 함께 낭만적인 여유와 새로운 일에 파묻혀 살아가고 있다. 가끔씩 아날로그적인 엽서 한 장을 구입해 고국에 있는 그리운 사람들에게 엽서를 띄우기도 한다.

주머니가 가벼운 여행자든, 디지털 노마드Digital Nomad에게도 카페에서 보내는 낭만과 여유가 살아갈 맛을 느끼게 된다.

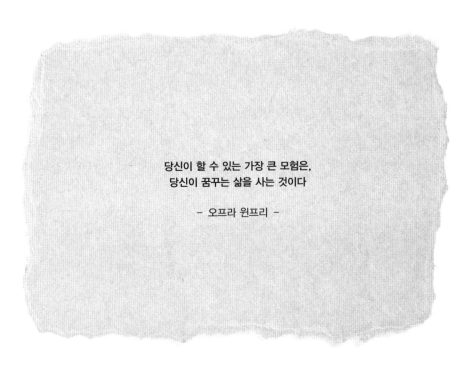

당신이 할 수 있는 가장 큰 모험은,
당신이 꿈꾸는 삶을 사는 것이다

- 오프라 윈프리 -

신·구의 조화, 쿠라^{Kura} 강

언덕 꼭대기에 있는 조지아의 어머니상은 트빌리시의 상징이다. 왼손에는 와인을 오른손에는 칼을 든 모습으로 시내를 내려다보고 있다. 어머니상이 내려보다고 있는 시선을 보면 트빌리시를 둘로 나누고 있는 쿠라 강^{Kura River}이 보인다. 적에게는 용감하게 동포에게는 포도주를 대접한다는 의미를 갖고 있는 조지아 어머니상은 이민족에게 끊임없이 침략을 받으면서 몇 천년동안 조지아를 지킨 어머니 같다고 한다. 그 어머니 상이 트빌리시를 살아가는 사람들은 쿠라 강을 따라 삶을 영위하고 있다.

이슬람교와 기독교가 접해있는 흑해와 카스피 해의 교차로 지점에 있는 조지아는 오랜 시간 동안 적에게 이길 힘은 없었다. 처음부터 힘들게 칼로 싸울 생각을 하지 않고 그대로 손해는 없게 자신들의 삶을 지키면서 살아가기만을 바라고 살았다. 전쟁에서 지면 더욱 많은 이들이 힘들기 때문이 아닐까라는 생각에 슬퍼지기도 한다. 그만큼 삶이 힘들었던 '조지아'이다.

구소련으로부터 독립한 후 조지아인만을 위해 세운 조지아 정교회 사원인 사메바 성당^{Sameba Cathedral} 조지아 정교회의 1,500주년을 기념하기 위해 만들어진 성당이다.

성당은 상당히 크기 때문에 트빌리시의 어디서든 볼 수 있다. 시내 중심에 있지 않고 카즈베기 산을 배경으로 언덕에 위치해 있다.

트빌리시에서 조지아 사람들의 삶을 지켜보는 성당과 어머니상, 그들이 살아가는 물줄기인 쿠라 강은 트빌리시를 품고 흘러가고 있다. 그래서 성당 앞의 언덕에서 보는 풍경도 아름답지만 그들의 얼굴에는 슬픔도 보인다.

기독교는 조지아 인들에게 삶의 전부이다.

트빌리시에서 오랜 역사를 지닌 것은 당연히 교 회일 것이다. 천 년이 넘은 성당이 여러 개이지만 특히 절벽에 절묘하게 자리를 잡은 메테히 교회 Metekhi Church이 눈에 들어온다. 5세기에 교회로 지 어졌으나 13세기에 완공된 중세 성당이다. 17~18 세기 이슬람에 의해 요새로 사용됐고, 구소련 시  절엔 감옥으로 쓰여 스탈린이 투옥되기도 했다. 1980년대 말 조지아 총대주교가 교회 복구 운동을 벌인 끝에 비로소 조지아 정교회 역할을 되찾았다. 오래도록 같 은 자리를 지키며 아픈 역사의 단면을 보여준다.

중세성당에서 흔히 볼 수 있는 화려한 장식이 없는 소박한 성당이 많다. 사제의 축 복과 허락을 받고 교회 안으로 들어간다. 촛불을 밝혔다. 사람들은 엎드려 기도하 기도 한다. 이들의 의식을 지켜보는 것만으로 경건함이 느껴진다. 탁 트인 전망을 바라보며 메테히 교회Metekhi Church에서 잠시 멈추고 쿠라 강Kura River을 바라본다.

성녀 니노St. Nino의 포도나무 십자가가 보관되어 있는 곳으로 트빌리시의 유명한 교회는 시오니 교회Sioni Cathedral Church이다. 니노Nino의 십자가는 니노Nino의 머리카락과 포도 덩쿨이 엉켜서 십자가가 되었다. 조지아에 기독교를 전파한 성 니노St. Nino이다. 가장 오래된 교회보다 사람들이 더 많다. 조지아정교 교회라 분위기도 더 엄숙하다. 제단 왼쪽, 성 니노St. Nino의 포도나무십자가로 유명한 성당이다. 전설에 의하면 4세기 초 꿈속에서 성모마리아로부터 "조지아에 가서 기독교를 전파하라"는 계시를 받은 성녀 '니노St. Nino'가 시오니 대성당 십자가에 자신의 머리카락을 묶었다고 한다.

조지아의 성당은 대부분 최초의 건립 이후 외세의 침략에 의한 파괴로 재건이 거듭되어 내부는 정비가 되지 않은 느낌이다. 정교회 성당의 내부는 우리가 보던 이탈리아 성당과 달리 이콘Ikon으로 성당 내부가 덮여 있다. 조지아 사람들이 기독교가 삶의 전부인 것처럼 모든 공간이 차 있다.

이슬람의 흔적

전 세계 지도를 놓고 보면 재미있는 사실을 알게 된다. 조지아가 동유럽에 속할까? 중동에 속할까? 많은 사람들이 조지아는 동유럽의 끝에 있다고 한다. 그런데 등잔 밑이 어둡다고 전 세계지도에서 밑으로 내려가면 이란이 나온다. 이슬람 국가와 가까운 거리에 있다는 사실이 놀랍다.

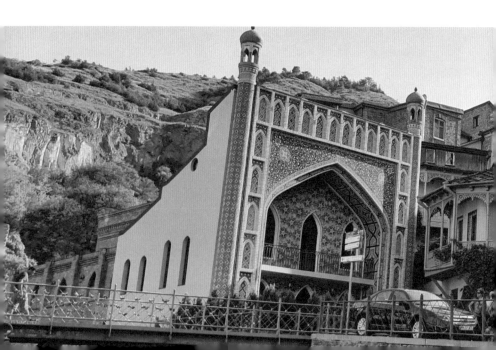

바로 요새의 아래에는 둥근 지붕의 동네가 눈에 들어온다. 이곳은 트빌리시가 시작된 온천 동네이다. 돔 모양은 지하 온천 목욕탕의 환기구 지붕이다. 트빌리시의 이름이 "따뜻하다"에서 비롯되었는데 이 온천이 그 기원이라고 한다.

러시아 시인 푸쉬킨이 1829년 내 생애 최고의 유황온천으로 뽑았다고 한다. 온천으로 들어서자 계란의 썩은 냄새가 코를 자극한다. 유황온천이라는 사실을 빼면 우리나라의 목욕탕과 다른 것이 없다. 오히려 찜질방에 자리를 내준 오래된 목욕탕의 느낌이 정겹다. 이 온천은 땅에서 솟아 나오는 그대로 따뜻한 유황 온천물이라고 한다.

강 건너에는 볼록한 돔 모양 지붕의 유황 온천들이 성업 중이다. 계곡에서 발원한 천연 온천으로 유황과 미네랄 성분이 풍부한데, 조지아 돈으로 5라리(Gel)면 온천을 즐길 수 있다. 러시아 시인 푸시킨도 온천을 즐기고 갔다. 이를 증명하듯 한 온

천의 간판에는 '세상에 이곳보다 좋은 온천은 없다'는 글귀와 푸시킨의 서명이 새겨져 있다. 온천 옆으로 흐르는 계곡을 따라 걷다 보면 폭포가 쏟아지는 협곡을 볼 수 있다. 협곡 위 아슬아슬하게 걸려 있는 오래된 집들도 볼거리다.

와인의 시작은 조지아?

포도주 양조는 조지아문화의 경제적으로도 문화적으로도 중요하다. "Georgian wine"이라는 문구는 오랫동안 전 세계적으로 브랜드를 만들기 위해 노력하여 조지아에 온 관광객이 현지 와인을 시음하고 구입하려고 한다. 조지아에 있는 양조장들은 자신만의 와인 제조의 전통과 비밀을 수백 년 동안 지켜왔다. 유명한 샤또 릴로Château Lilo의 와인은 카헤티에서 생산되는데 이곳은 비옥한 지역이라 조지아 와인으로 유명하다. 재배부터 와인 생산에 이르기까지 모든 과정을 볼 수 있다.

논쟁의 시작을 알린 이란인 부부

와인투어를 가기 위해 투어 차량에 타고 이동하면서 가이드는 조지아 와인에 대해 자랑스럽게 홍보를 하고 있는 와중에 이란 관광객과 논쟁이 붙었다. 나도 모르는 와인에 대한 이야기를 많이 알게 되었지만 2시간 동안 이란 관광객과 가이드는 와인의 원조에 대해 논쟁을 벌였다. 와인투어의 미니버스에 탑승한 사람들은 이란이 와인을 마신다는 말을 듣고 약간은 미심쩍은 표정이었다. 이슬람교는 술을 마시지 않기 때문에 와인과 이란은 연관성을 생각할 수 없었을 것이다.

게다가 프랑스 관광객이 지금과 같은 와인을 만든 원조는 프랑스라는 이야기에 옆에 있던 이탈리아 관광객이 로마가 지금과 같은 와인을 오크통에 넣어서 마셨다는 이야기로 작은 미니버스는 목소리가 높아지는 아수라장으로 변했다. 나는 처음에는 와인에 대한 지식을 높일 수 있다는 생각에 귀를 쫑긋, 관심있게 들었지만 얼마 안가 피곤해졌다.

와인의 역사가 수천 년 전의 기록도 남지 않았기 때문에 어느 나라가 원조인지 정확히 알 수 없다. 다만 유물이나 벽화를 보고 와인은 인류가 마신 최초의 술로 추정할 뿐이다. 메소포타미아 문명에서 만들어졌다는 이야기로 와인과 전혀 상관이

없다는 이란까지 와인의 원조라고 논쟁을 벌일 정도이니 놀랍기만 할 정도이다. 양조를 위해 포도나무를 사용한 원산지는 카스피 해와 흑해 사이의 소아시아 지방으로 알려져 있다. 노아가 홍수가 끝난 뒤 정착했다는 아라라트 근처로 성경 귀절과 일치하는 지역이 조지아라고 한다.

성경에는 「노아가 포도나무를 심고 포도주를 마셨다」
(창세기 9:20∼21)는 구절이 있다.

와인은 그리스와 로마를 거쳐 유럽으로 전파됐다. 지금과 같이 와인을 마신 흔적은 로마인들이 포도 재배와 양조 기술을 최초로 기록으로 남겼고, 줄리어스 시저가 로마의 군대를 이끌고 원정을 떠나면서 프랑스와 스페인 등지로 와인이 퍼져나갔다.

조지아의 와인은 인류역사에서 최초로 만든 와인이라는 타이틀을 가지고 홍보하고 있다. 그러나 현대적인 생산방식은 100년의 와인 생산 전통을 가지고 있다. 조지 왕조 와인 제조의 전통을 사용한다고 하지만 와인을 저장하는 오크통의 전통은 프랑스와 이탈리아에서 가져 왔다. 그래서 혹자는 "이탈리아나 프랑스 와인보다 나은 게 없다"라고 이야기하기도 한다.

이날 투어는 와인 논쟁이 피곤해서 살 생각이 없었던 와인을 2병이나 구입을 하고 돌아와서 피곤한 몸을 와인을 마시며 마무리 하려고 했다. 그런데 게스트하우스에 있던 누군가 말을 걸었다.

나는 웃으며 "와인 한 잔 할래?"했는데 실수였다.
그는 앉으며 이야기를 시작했다.
자신은 이란 사람이다. 라는 말에 나는 흠칫 놀랐다. 왜 불길한 기운은 틀리지를 않을까?
어김없이 그는 나에게 물었다.
"와인의 원조가 어딘지 알아?"

조지아 와인은 조지아 와인이 아니다.

전 세계 각 나라, 각 도시에는 전통적으로 내려온 고유의 술이 있고 술잔과 함께 진솔해진 사람들이 있기에 술을 통해 사람들은 그들의 슬픔을 해탈하는 표현으로 서로를 위로한다. 조지아는 카헤티 지방의 텔라비Telavi가 가장 와인투어로 유명하다.

시골길을 걷다 보면 넓게 펼쳐진 이국적인 포도밭 풍경을 마주하기도 하고 가끔은 운 좋게 와인을 마시는 모르는 사람 속에 들어가 새로운 인연을 만들게 된다. 하루 종일 돌아다니며 구경하다가 나무 그늘에 앉아 마시는 와인 한 잔에 여행의 피로가 풀리고 마음이 맞는 여행자들이 만나 아쉬운 대로 와인으로 달래기도 한다.

저녁 무렵, 모이는 허름한 숙소에서 술 한잔을 앞에 놓고 만난 여행자들과 함께 환영을 하기도 하고, 같이 어울리며 짧은 시간이나마 국경을 초월한 우정을 나누기도 한다. 인류의 오랜 역사와 함께한 술은 그 나라, 그 지방 서민들의 일상화과 희노애락을 같이해 온 역사이자 문화이며 외로운 나그네에게 외로움을 달래 주는 친구가 되어 주기도 한다.

와인도 마찬가지이다. 우리에게 와인은 부자의 술이라는 생각을 하지만 조지아에서는 와인도 서민들의 술이다. 와인도 동서고금을 막론하고 세상사는 사람들의 일상과 가장 밀접한 술의 하나일 뿐이다.

흥미를 가지고 새로운 각도로 유럽과 유럽 문화를 느끼고 이해할 수 있는 매개체가 될 수 있는 술을 테마로 한 유럽 여행을 떠나기도 한다. 조지아에서도 지방을 돌아다니며 와인을 마시면서 술 순례를 하기도 한다. 조지아에 온 유럽과 중동의 여행자들 사이에서 와인의 기원과 와인 문화에 대해 자신이 태어난 나라가 유명하다는 토론이 빠지지 않는다.

와인은 인류와 더불어 역사상 가장 오래된 술로 알려져 있다. 기원전 4,000년경, 이집트 벽화에서 와인을 만드는 공정을 그린 것이 발견되었고, 기원전 3,000년경에도 장례식에서 사용되었다는 기록이 있다.

이토록 인류가 오랫동안 즐겨 마셔온 와인이 영양적으로도 몸에 좋다는 것은 포도만을 원료로 해서 자연적으로 발효시킨 술이라 와인을 좋아하는 것을 아닐까? 발효 과정을 거치는 동안 알코올과 수분, 비타민, 철분, 칼슘 등 무기질 성분이 남게되니 취하도록 많이 마시지만 않는다면 몸에 좋다는 것은 분명하다.

최근에는 와인이 각종 질병 예방에도 좋다는 연구가 나와 와인 소비는 폭발적으로 늘고 있다. 아무리 영양이나 각종 질환 예방에 좋다고 해도 와인도 술은 술이니 적당히 마셔야 몸에 좋은 것은 당연할 것이다.

와인은 다른 술처럼 취하기 위해서 마시기보다는 식사와 함께 소화를 돕는 술이라 할 수 있다. 식사를 할 때 와인을 곁들이면 입맛을 돋우어 주고 분위기가 한결 즐거워지며 식사 후에는 소화도 잘되기 때문이다.

플라톤이 "와인은 신이 인간에게 준 선물이다."라고 예찬한 것처럼 전 세계 사람들은 지금, 와인을 사랑하고 즐겨 마신다. 조지아 사람들도 "와인이 없는 삶은 태양이 떠오르지 않는 하루"라고 이야기할 정도로 친숙하다. 생선요리에는 화이트 와인을 곁들이고 쇠고기 등 붉은 육류에는 레드 와인을 곁들여 마시면 어울린다는 기본적인 지식도 사람들은 와인에 대한 이야기를 자랑하듯이 말 한다.

오늘날 프랑스 와인이 세계적으로 인정받고 있는 가장 큰 이유는 아마도 프랑스 정부가 일찍이 품질 관리의 중요성을 깨닫고 엄격히 지켜 온 품질 관리 제도 덕이라 할 수 있다. 조지아 산 와인도 2,000년 이후로 프랑스의 와인회사 도움으로 등급과 와인 관리를 하면서 조지아 산의 와인이 좋다는 것을 홍보하고 있다. 어떤 이는 프랑스 와인과 차별성이 없어졌다고 하지만 조지아 와인은 아직도 모르는 이들이 많다. 그러므로 여행을 홍보하면서 조지아 와인이 같이 홍보되고 있다.
트빌리시 공항에서 출국하면서 조지아 와인을 사려고 매장을 방문하면 상당한 규모로 와인의 종류가 많다는 사실에 와인을 고르는 시간이 상당히 소요된다.

피로스마니의 고향, 시그나기^{Signagi}

중세 성곽 도시 느낌인 시그나기^{Signagi}는 조지아의 애절한 화가, 니코 피로스마니 ^{Pirosmani}의 고향이다. 예전 조지아에서 여행을 한다면 처음부터 시그나기^{Signagi}로의 여행을 계획하지 않았다. 하지만 지금, 대다수의 여행자들은 시그나기^{Signagi}로 향한다. 나는 누군가로 인해 유명해진 도시는 여행하기를 꺼려한다. 그런데 트빌리시에서 머물며 친해진 한 친구의 추천으로 시그나기^{Signagi}로 떠나게 되었다.

그는 장기 여행자로 주로 소도시를 여행하면서 장기간 머물고 때로는 일도 하면서 머물렀기 때문에 구석구석 조지아에 대해 상당한 정보를 가지고 있었다. 나로서는 그런 정보력을 거부할 이유가 없었다.

트빌리시에서 마르쉬루트카를 타고 나서 시그나기에 도착했다. 그런데 오솔길을 따라 쉽게 도착할 줄 알았더니 의외로 멀었다. 다행히 땀이 옷을 적시기 시작할 때 쯤 유스호스텔에 도착했다. 방으로 올라가 쉬었다가 저녁을 먹으로 갔다. 마음이 한결 여유로워진 걸까, 산책도 할 겸 언덕에 위치한 마을로 올라갔다.

마을 입구에 시그나기^{Signagi}의 상징인 피로스마니^{Pirosmani}가 말을 타고 있는 동상을

발견했다. 그는 1862년, 시그나기 근처의 작은 마을 미르자니^{Mirzaani}에서 태어났다. 전해져 내려오는 일화에 따르면, 선술집의 간판을 그리며 하루하루를 근근이 살아가던 피로스마니^{Pirosmani}는 조지아를 방문한 프랑스 출신 여배우 마르가리타를 보고 첫눈에 사랑에 빠졌다.

자신의 마음을 전달하기 위해 그는 가진 모든 것을 내다 팔아 수많은 장미를 샀고 마르가리타가 묵던 숙소 앞을 꽃밭으로 단장했다. 그러나 그의 사랑은 그녀에게 닿지 않았고 피로스마니^{Pirosmani}는 평생 가난과 외로움에 시달리다 죽음을 맞이하게 됐다.

그의 짝사랑 이야기는 추후 많은 예술가의 영감이 됐다. 라트비아 노래에 러시아 시인 안드레이 보즈네센스키가 가사를 붙여 완성된 '백만 송이 장미'가 대표적이다. 우리에게도 잘 알려진 노래의 멜로디 속 주인공이 바로 피로스마니^{Pirosmani}다. 그런데 그의 지고지순한 러브스토리의 진실성에 대해서는 정확히 알려진 바가 없다. 진실인지에 대해서는 아직 논쟁의 여지가 있다는 사실이다. 동상을 보면서 홀로 살아서 애처롭게 느껴진 것일까? 아니면 가난 때문에 불쌍하게 느껴진 것일까? 라는 의문이 들었다.

숙소로 돌아와 방으로 들어가려고 하는 데, 직원이 혼자냐고 물었다. 그런데 눈빛이 거슬렸다. 홀로 와인을 마시며 사람들은 왜 피로스마니가 외롭게 죽어갔다고 했을까? 나의 입장에서는 가끔 숙소를 찾으면 혼자냐고 물어볼 때, 혼자면 안 되나? 하는 생각을 한다. 지금이 그런 순간이었다.

홀로 여행을 생각해보았다. 보통 혼자 떠나는 것을 두려워하는 여행자가 많다. 친한 친구와 같이 오거나 아니면 떠나기 전 인터넷 상에서 여행 동행자를 찾아 같이 오는 경우가 많기 때문이다. 하지만 여행을 하다보면 사소한 의견 차이 때문에 친한 사이가 멀어지기도 하고, 서먹서먹해지기도 하므로 혼자 여행하는 것보다 나은 것도 아니다.

반면에 처음부터 혼자 여행을 하면 여행 중에 만난 친구와 더 친해지는 경우가 많다. 외로운 여행자이므로 마음을 열기도 더 좋다. 또한 어차피 모든 것을 스스로 해결해야 하기에 마음먹고 떠난 여행에서 단단한 마음이 더 좋은 결과를 만들어 내기도 한다.

도란도란

시그나기Signagi에서 첫날은 호텔에 있었는데, 따분했다. 성벽을 둘러보고 돌아오는데 마을에는 현지인의 집을 숙소로 바꾼 게스트하우스가 많았다. 그렇게 게스트하우스에 들러 주인장이 친절하고 나에게 호감을 느끼는 지 확인하였다. 방을 본다는 이야기를 했지만 나는 따분한 느낌을 해소하고 싶었다.

이때 뚱뚱하지만 넉넉한 인상을 풍기며 친절하게 소개해주는 곳을 찾았다. 오후 2시까지 돌아온다고 말을 하고 전화번호를 받고 문 앞에서 사진을 찍었다. 혹시 혼동될 수도 있을지 몰라 길을 확인하고 쉬었다가 호텔에서 나와 게스트하우스에 체크인을 했다. 다행히 주인장은 술을 좋아하고 사람들과 대화를 나누는 것을 좋아했다. 천천히 그와 함께 대화를 나누다가 성벽으로 이동했다.

하루만 지내도 친숙한 느낌은 좋았

다. 혼자서 여행을 하다가도 누군가와 대화를 나누고 싶을 때도 있다. 현지인과 함께 대화도 나누면서 지내면 좋지만 항상 내 맘처럼 되는 것은 아니다. 시그나기 Signagi에서는 다행히 대화를 나누면서 기분도 좋아졌는데, 성벽에서 돌아오자 나에게 저녁을 먹자고 들어오란다. 잠시 머뭇거리다가 그의 손에 이끌려 들어가게 되었다.

삶을 살아갈수록 조금씩 내 삶을, 다른 이들의 삶을 관망하게 되고 그럴수록 '살아간다는 것 자체'가 놀랍다. 너무 가까이 내 손에 잡히는 그의 흑백 사진은 그들이 거의 생활을 함께 하는 출발의 날이었던 장면을 기념하는 순간이었다.

가장 최근의 모습을 내 눈앞에서 보고 이미 과거가 되어버린 그들의 인생의 이야기를 들을 때에는 매우 묘한 기분이 든다. 사람이 살아간다는 것이 매우 길면서도 이렇게만 보면 너무나 짧게 느껴지고. 가끔씩 들려주는 힘들었던, 행복했던 이야기들이 인생을 가득 차 있겠지.

생각해본다. 나는 지금 어디 즈음에 있지? 머리 아프게 생각했던, 큰 고민거리들이 그냥 작은 조각으로 보이기 시작한다. 어차피 지나갈 한 순간으로 여겨진다. 어차피 지나가야할 어려운 강이라면 여유롭게 웃으며 가볼까라는 생각을 해보았다. 어차피 건널 것이라면 찌푸리나, 걱정하나, 웃으나 매한가지로 건너기만 하면 마는 것. 서로 부부들이 처음 만난 순간들을 이야기하고 살아온 이야기를 들어오며 어느새 내 안의 어려움은 다 위로 받은 것 같았다. 와인과 음식으로 나는 어느새 왁자지껄 대화를 나누고 그들과 나의 이야기를 그들의 이야기를 말하고 들었다.

그냥 그럼에도 살아가는 것. "어차피 살아갈 것이라면 조금이라도 웃고 옆에 있는 사람과 이야기도 도란도란하며 의연하게 가고 싶다"라는 생각이 들었다. 사진의 할머니 할아버지는 젊었지만, 그 모습을 보며 자신의 젊음이 더욱 아름다웠다고 하지만 현재 내 앞에 있는 부부의 주름 가득한 웃는 얼굴이 더 아름다웠다고 말할

수 있다. 그 여유로운 따뜻한 얼굴에서 그들이 좋은 삶을 만들어왔다는 것이 느껴
졌다.

짧은 시간에 나는 그들과 함께 어울리며 나의 이야기를 털어 놓았고, 위로 받았고,
치유 받았다. 놀랍게도 웅성웅성 왁자지껄한 집이 마법의 '치유의 공간'이 되었다.
여느 때처럼 이야기를 하고 다시 집으로 돌아가는데 나도 모르게 손을 잡고 걸어
가고 있었다. 내가 걸어가는 이 길이 모든 걸 예견할 수도 없고, 좋은 길만이 올 것
이라고 할 수 없겠지만. 그냥 천천히 함께 조금이라도 마주보고 웃어 봐야겠다.

사랑하고 사랑받는 것은 양쪽에서 태양을 느끼는 것이다.

- 데이비드 비스코트 -

그들을
이해하다

깜깜한 터널을 지나는 방법

세상은 내가 만들어 나가는 것이다. 누가 만들어주는 것이 아니다. 행복도 내가 만들어 나가는 것이다. 행복을 기존의 잣대로 돈으로 만들어 나가는 집과 재산을 높여 행복한 것은 불가능하게 되었다. 이 이야기는 대한민국의 이야기가 아니다. 조지아에서 들은 카트리나Latrina의 이야기이다. 현실이기 때문에 행복질 수 없다. 정신적인 행복을 늘려야 한다. 조지아도 최근에 경제발전을 위해 기성세대와 청춘 간의 많은 대립이 있다고 했다.

과거를 고집하는 기성세대와 미래를 포기한 청춘

기성세대는 아직도 러시아에 희망을 가지고 러시아에서 주는 지원금이나 경제원조 같은 방식으로 경제를 발전시켜야 한다. 하지만 청춘들은 서방세계처럼 새롭게 경제를 발전시켜야 하며 전면적인 개혁을 해야 한다는 대립이 있다고 했다. 청춘들은 희망을 주는 방식이 틀렸다. 누가 바꿀 것인가? 세상을 보는 방식이 세대 간의 간격이 너무 다르다. 젊은이들이 어차피 세상을 차지한다고 말한다.

시대를 만들어가기 보다 새로운 시대를 만들지 않고 기성세대에 맞춰 사는 시대가 계속된다면 조지아는 희망이 없을 것이다. 나의 행복을 위해 조지아와 세상에 대해 나의 목소리를 내야 하는 시대이다. 나의 행복이 침해당한다면 나의 행복을 위해 항의를 해야 한다.

조지아의 많은 젊은이들은 누구나 좌절의 순간이 있었다. 이것을 극복하기 위해 개인이 알아서 해야 하는 사회는 비정상적이다. 누구도 도와주지 않아 힘들게 살려면 왜 세금을 내야 하나? 돈으로 갑질이 당연시되는 사회는 결국 행복하지 않다.

정부가 사회의 안전판을 만들어주면 개인은 그 안전판 안에서 모험을 할 수 있다. 개인이 알아서 행복하고 잘 살 수 있으려면 그런 사람은 많지 않다. 누군가는 사회에서 좌절하고 회복하지 못한다. 계속 악순환이 계속될 것이다.

행복하려면 기본적인 안전판을 만들어주고 개인에 대한 교육을 강화해야 한다. 그런데 조지아는 일자리가 많지 않아서 이런 주장은 공허한 메아리로 돌아오는 경우가 많다고 했다.

웃으며 살지만 인생이 살만한 가치가 있는 것은 정해진 대로 가지 않고 노력여부와 상관없는 전화위복, 새옹지마의 기회가 가끔씩 우리를 기쁘게 하기 때문일지도 모른다고 허탈하게 웃었다.

극복될 거 같다가 다시 다가온 힘든 상황은 그 전보다 힘든 상황이 아니었음에도 좌절의 심정을 다시 잡는데 시간이 필요한 것이 조지아의 현재 상태인 듯하다.

긍정적인 생각을 하는 사람은
문제를 두려워하지 않기 때문에 긍정적인 결과를 얻는다.

– 노만 빈센트필 –

살려면 집중해야 한다.

메스티아Mestia에 도착하여 나는 배가 고파 화덕에 구워낸 전통 빵 '쇼티Shoti'를 사서 숙소로 돌아오다가 다 먹어버리기 직전이었다. 배도 채워지고 기분도 좋아져 룰루 랄라~~ 걸어오고 있었다. 이때 주그디디Jugdidi로 오는 야간기차에서 만난 가브리엘 레Gabriele 모녀가 빙하를 보기 위해 출발한다는 것이었다. 내가 없어 기다리다가 출 발하다가 만난 것이었다. 3시를 넘어 오늘 보려면 빨리 가야 한다는 말에 그냥 같 이 출발하면 된다고 말하고 말았다. 빙하를 보기 위해 아무 생각 없이 같이 가자는 말에 따라 나섰다. 이 대답은 커다란 '나비효과'를 불러 일으켰다.

어디에선가 '산책하듯이 갈 수 있다'는 문구도 생각나고 해서 구두를 신고 출발해 천천히 올라갔다 내려오려는 생각이었다. 그런데 빙하는 산책하는 지점에 있지 않았다. 빙하는 산꼭대기 바로 밑에 가야 볼 수 있었다. 그 이후 어떻게 걸었는지, 지금도 아찔하다.

산책이 아니라 살기 위해 집중하고 또 집중했다. 빙하가 밀고 내려오면서 만든 날카로운 바위들이 길에 즐비했다. 길은 그냥 표시만 했을 뿐이지 날카롭게 솟은 바위 길은 살짝이라도 삐끗하면 발목이 돌아갈 상황이었다.

올라갈 때마다 나를 본 사람들은 그렇게 올라가면 안 된다는 말뿐이었다. 위험하다는 이야기를 했지만 산길로 들어선 시간은 4시를 향하고 있었다. 그냥 돌아와야 했는데 걸어갔던 거리는 벌써 산의 중턱을 넘어섰다. 한편으로는 힘들게 왔던 시간이 아까웠다. 아쉽게도 위험하면 돌아가라는 가브리엘레Gabriele 모녀는 나를 보지 않고 힘든 산길을 따라 계속 올라가기만 했다.

기다려주지 않으니 중간에 쉬기도 힘들었다. 이 두 명의 여성들이 트레킹을 잘한다는 사실을 알았다면 "같이 따라오지 말 것을 왜 따라왔을까?"라는 후회는 이제 늦었다. 내가 선택해서 왔던 것인데, 누굴 원망하리~~~ 빙하를 보러가는 길을 너무 쉽게 갈 수 있을 것이라고 생각한 것이 실수였다.

선택만 있을 뿐이었지만 돌아갈 수는 없다는 생각에 같은 속도로 올라갔다. 바위 위로 올라가면 둥글둥글한 바위가 아니라 돌을 칼로 베어 버린 듯 보이는 우뚝 솟

내가 잠시나마 스마일 표정에 위로를 받은 바위

은 바위는 구두 밑을 송곳으로 찌르는 듯 했다. 구두의 밑바닥은 의외로 두껍지 않았다. 바위를 발로 디딜 때마다 찌르는 듯 했다. 그렇다고 비스듬한 면을 올라가면 미끄러지면서 발목이 꺾일 수 있었다. 진퇴양난의 상황은 빙하를 본 순간에 잠시나마 벗어날 수 있었다.

기이한 빙하의 풍경들이 탄성을 자아내게 한다. 기온이 올라가면서 바람이 만든 빙하들이 마치 눈물처럼 보인다. 메스티아를 찾은 여행자들은 자연이 만든 완벽한 촬영장을 배경으로 영화의 주인공이 되기도 한다. 어디를 봐도 한 폭의 그림이다. 하지만 빙하는 점점 많이 녹으면서 빙하를 보려면 점점 산위로 올라가야 한다.
10년 전만 해도 산책하듯이 조금만 올라가서 빙하를 볼 수 있었지만 이제 빙하는 매년 녹는 양이 많아지면서 개천을 만들면서 빙하의 눈물이 강을 만들고 있다.

한눈에 • 보는 • 조지아 • 상식

코시키(Koshiki)

코시키는 보통 3층의 구조로 1층은 가축이 살고, 2층에는
사람들이 거주하며, 3층은 전쟁 등의 유사시 대피하는 곳
이다. 외관으로 보면 입구가 안 보이는 경우가 많다.
외곽에서 들어오지 못하도록 해야 하기 때문에 사다리로
올라가야 들어올 수 있다. 사다리가 없으면 아무도 들어갈
수 없도록 만든 구조다. 외적의 침입이 많았던 조지아는
예전에 집마다 하나씩 가지고 있었다고 전해진다. 스바네
티^{Svaneti} 지역은 집마다 하나씩 세웠지만 다른 지역은 마을
에 하나 정도만 남아 있다.

쇼티푸리(Shotispuri)

대한민국에서 매일 먹는 '밥'과 같은 조지아 빵은 줄여서 푸리^{Puri} 또는 쇼티^{Shoti}라고도 부른다. 하얀 밀
가루로 만들어지는 빵으로 가격이 매우 저렴하고 커서 하나만 먹어야 배가 너무 부르다. 카누 모양을
한 전통적인 조지아 빵이다. 쇼티^{Shoti}는 '토네^{tone}'(torne/turne)'라고 불리는 빵집에서 구워서 판매한다.
최근에는 트빌리시 같은 도시에서는 판매를 하지 않고 시골로 갈수록 쉽게 볼 수 있다.
이 빵은 다른 빵으로 제공되지만 생일과 결혼뿐만 아니라 부활절, 크리스마스, 설날과 같은 특별한
기념일에 더 인기가 있다. 전통적으로 둥근 모양의 벽돌이나 진흙 오븐의 내부에 긴 반죽 가닥이 붙
어 있는데, 주변 국가인 아르메니아나 아제르바이잔에도 비슷한 빵이 있다.

오늘 일을 최대한 내일로 미루어라.

대한민국에서 지내다보면 바빠서 자연을 누릴 일이 별로 없다. 조지아에서 숨을 크게 들이키면 맑은 공기가 몸 안으로 들어오면서 '내가 살아있구나'라는 기분이 느껴졌다. 내 본래 모습으로 돌아가는 기분이다. 나는 그저 자연의 일부이고 하나의 생명에 지나지 않는다는 것을 느낀다. 조지아는 경제적으로 발전이 더디지만 자연 환경은 누군가의 훼손 없이 상속받았다. 조지아 사람들은 자연의 혜택을 받으며 살아간다. 내가 본 조지아의 느낌은 그랬다.

터키와 페르시아, 러시아의 핍박으로 그저 순리대로 자연스럽게 사는 것이 행복으로 알고 살았던 조지아 사람들은 열심히 일하는 것보다 삶을 살아가는 순리를 중요하게 생각한다.

"오늘 일을 최대한 내일로 미루어라"

자신이 아무리 열심히 노력해도 강대국의 침입이면 모든 것이 수포로 돌아가는 그들에게 열심히 하는 것보다 중요한 것이 '순리'이다. 아무리 열심히 살고 강대국이 되려고 해도 조지아는 중세이후에 한 번도 강대국의 통치에서 벗어난 적이 없다.

그들은 자연의 순리대로 살아야 한다는 생각이 누구에게나 있다. 자연과 함께 오랜 시간동안 살아가는 삶을 최고로 여긴다. 그렇게 살다보니 지금은 사람들의 손길이 닿지 않은 자연이 관광객들이 찾는 최고의 관광자원이 되고 있다.

우리는 자연을 거스르는 삶을 살면서 불행이 시작된 건 아닐까? 남과 비교하고 하나라도 더 가져야 하는 욕심으로 자연을 파괴하며 순리를 거스른 삶에 대한 반격을 받은 건 아닐까? 자연은 보존하는 것이 아니라 그대로 두고, 순응하며 살아가는 것이다.

우리는 행복을 말하고 있지만 작은 의미에서만 행복을 말하고 있기도 하다. 행복은 계속 느낄 수 없을 뿐 아니라 큰 의미에서 행복을 생각하지 않으면 행복하지 않다는 생각을 끝없이 할 것이다. 조지아를 여행하는 사람들 중에 "자연 빼고 볼게 뭐가 있어"라고 이야기하는 이들도 있다.

조지아는 카즈베기Kazbegi와 메스티아Mestia의 자연을 보러 다닌다고 하는 여행자가 많다. 인간이 만든 문명이 아닌 태초의 신이 만든 자연을 보고 느리게 생각하고 느끼는 여행. 그래서 더욱 큰 깨달음이나 행복을 느낀다. 하지만 조지아의 어느 곳을

여행해도 순응하며 살아가는 그들을 보면서 답답하기도 하고 느릿느릿한 그들의 행동을 보면 왜 그럴까?라는 의문도 들었다. 그런데 시간이 지나면서 나는 다르게 생각하기 시작했다. 오히려 내가 그들의 관점에서 이상한 삶을 살아가고 있지는 않을까? 한참을 골똘하게 멍하니 바라보기도 했다.

"뭔가를 향해서 달려가고 있는데 나무만 보고 숲은 보지 않는다. 큰 관점에서 나를 보고 살아가야하지 않을까?"

끝없이 뿌연 구름을 들어가면 금방 나올 수 있다고 생각하지만 예상을 벗어나기도 하면 답답해졌다. 나의 잘못된 생각이었다. 초조한 마음에 짜증도 내고 조급해보기도 하지만 끝없는 구름이 비추는 뿌연 풍경도 익숙해지니 멋진 장면을 선사해주었다. 환경에 적응하며 길게 보고 살아가야 행복하며 살아갈 수 있다.

세상에 흔들리지 말고 행복한 인생을 살고 싶다.

나에게 가장 어울리는 모습은 무엇일까? 이런 질문을 자신에게 해보자. 나의 인생에 대한 가설로 세우고 자신의 인생을 통해 그것이 맞는지 아닌지를 생각해 보고 그 결과를 생각해 보자.

모든 생명은 태어날 때부터 자신만의 생명력을 가지고 태어난다. 그러므로 존엄성을 가지고 실제 생활에서 받아들일 수 있을 때, 자신과 가족, 자녀가 비로소 만족감을 가지고 행복감을 느낄 수 있게 될 것이다.

집안에 화초를 키우려는 사람들이 있다. 봄이 되면 화원에 들러 싱싱한 화초나 건강한 씨앗을 집안에 들인다. 어느 정도 시기에 맞추어 물과 바람 그리고 볕이 들면 화초는 싱싱하게 자란다. 그러나 너무 아낀 나머지, 지나치게 물을 많이 주면 뿌리가 물러 썩게 되고, 반대로 깜박하고 너무 물을 주지 않으면 뿌리는 말라 비틀어져 결국에 화초는 자라지 못하게 될 것이다.

사람도 이와 다르지 않다. 어린 아이에게 너무 많은 젖을 물릴 수 없고, 너무 많은 음식이나 물을 강제로 먹게 할 수도 없다. 반대로 너무 굶기거나 물을 주지 않으면, 더 이상 건강하지 못하게 되는 것을 잘 알고 있을 것이다. 그런데 사람의 마음도 몸과 다르지 않다. 다만 몸의 성장과는 달리 여간해서 눈에 잘 뜨지 않는 점이 있다. 얼마나 많은 사랑과 지지를 주고 있는지, 본인들은 잘 알아차릴 수 없지만 객관적인 시각으로 보면 관찰할 수 있다.

난 조지아 사람?

조지아의 메스티아는 가을인데도 차가운 바람에 코끝이 시리다. 이제 간혹 얼어있는 살얼음이 보이고, 해가 짧아지면서 날씨가 흐리면 낮에도 슬금슬금 어둠이 내려온다. 해가 뜰 땐 쏟아져 나오는 햇빛에 눈이 분홍보랏빛으로 물들고, 그 중간에서서 하얀 도화지 세상을 구경한다. 아름답고, 고독했으며, 경이롭다. 차갑지만 따뜻해 보이고, 쓸쓸해 보이지만 마냥 외로워 보이는 것도 아니다. 한적하기도 하다. 나는 오히려 온통 백지인 풍경에서 많은 생각을 할 수 있다. 조지아는 그런 세상이다. 세상에서 나를 완전히 분리할 수 있는 유일한 공간이 아닐까?

나를 돌아보며 나만의 인생의 그림을 그린다. 늘 새로운 무언가를 바라고, 도전하고, 새로운 감정을 느끼고 싶은 마음을 가져야만 한다고 배우고 살아왔다. 그런데 어떻게 평생 목적적으로 직선으로 살아갈 수 있는가? 그렇게 말하는 사람에게 묻고 싶다. 당신은 평생 그렇게 살아오셨나요? 그렇게 산 인생에 만족하시나요?

조지아에서 내 안에 커다란 도화지가 있어서 내가 느낀 조지아의 가을을 가슴 한켠에 적고, 그려낸다. 내 마음 한 켠에 산 위에 보이는 빙하를 그릴 때 즈음, 크리스

틴이 빌려준 집이 눈에 보였다. 한국에서는 쉽게 접할 수 없는 전형적인 형태의 메스티아 주택이다.

어둠에 창문에서 새어나오는 빛이 참 아름다운 곳이다. 4천 미터의 높이에 있는 메스티아Mestia라서 더 그런 것일지도 모르겠다. 아기자기하고 포근하다. 통로가 넓고 디자인도 절제된 간단한 색다른 집이다. 온통 회색 벽이 마치 바깥의 초록과 대비되는 것 같았다. 은은하게 쏟아지는 어둠의 빛은 왠지 보기만 해도 따뜻했고, 창밖으로 보이는 풍경은 그 자체로 장관이 아닐 수 없었다. 넓은 거실에는 모두가 모여 이야기 할 수 있고, 방안도 아늑하고 포근하다. 이 집은 평범한 조지아 가족의 삶을 연상케 했다. 현지인의 삶을 조금이라도 엿볼 수 있는 기회이다.

땅이 부족해서 오밀조밀하게 높이 선 한국의 아파트와 달리, 집값에 연연해하는 집이길 포기한 대한민국의 아파트와 다르게 조지아의 집은 넓고 여유롭다. 이러니 문화적인 차이가 확연하게 드러나는 게 아닐까? 함께 생활할 수 있는 공간이 곳곳에 있어 방에만 있기 아쉬운 기분까지 든다. 나는 특히 높은 천장이 마음에 들었는데 답답하지 않고 탁 트인 기분이라 저절로 사색에 잠길 수 있었다.

조지아는 주변의 국가들에게 침략을 지속적으로 당하면서 힘들게 살아왔다. 그런데 반대로 생활적인 면에서 정말 살아가기 좋은 환경이다. 요즘 수많은 사람들이 일정기간 동안 살아보는 여행을 한다고 하던데, 왠지 이해가 된다. 단순히 관광지를 돌아보고, 사진을 찍고, 사람들을 관찰만 하는 것이 아니라 직접 현지인의 문화를 체험하고 느껴보는 것이 진정한 여행이 될 수도 있다. 더불어 다른 환경에서 살아보면서 대한민국에서 즐길 수 없던 여유를 즐기고, 색다른 삶을 체험해 보는 것도 하나의 소중한 경험이 된다.

거대한 서재

동화에 나올법한 풍경과 은은하게 퍼져오는 포도 향기, 모든 감각으로 와인의 맛을 느낄 수 있었던 메스티아^{Mestia}에서 박물관으로 들어갔다. 황홀한 풍경을 보는 것도 좋지만 박물관을 들러 조지아 인들의 삶을 본 후에는 여행자에게 깊은 인상을 남긴다. 좋은 사람들과 맛있는 음식을 먹고, 깊어가는 저녁에 무엇이 더 필요할까, 생각이 들어서 행복하지만 이것이 조지아 사람들이 옛 부터 힘들게 살았어도 마음이 여유롭고 행복하게 사는 비결을 배운 것 같아 이 또한 즐겁다.

지구 반대편에서 온 사람들과 이 순간을 나누는 것이 큰 기쁨이다. 켜켜이 쌓인 먼지가 세월을 말해주는 오래된 추억이 쌓여있는 거대한 서재 같다. 지구 반대편에서 온 사람들과 와인을 나누는 것이 큰 기쁨이다. 켜켜이 쌓인 먼지가 세월을 말해주는 오래된 수많은 이야기가 있다.

여행에도 자기 철학이 있어야 배움이 생긴다. 조지아 같이 아직 잘 알려지지 않은 나라를 여행하려면 조지아에 대해 아무런 이미지가 없어서 선입견을 가지면 안 된다. 단지 잘살고 못사는 나라라는 기준으로 여행하면 안 된다. 특히 조지아는 오래된 역사와 많은 유적들이 있어서 여행을 다니면 배움이 생겨난다.

어린 시절의 모습처럼 되살아난 추억, 여행을 하다 나의 어린 시절의 모습과 비슷한 장면을 보면 잠깐 걸음을 멈추고 아이들을 지켜보고 지나간다. 흐뭇하게 보다 보면 어느새 추억 속으로 이끈다. 그래서 못 사는 나라라고 치부해버리는 개발도상국에서 동네를 거닐면 생각이 많아진다. 어린 시절의 추억과 함께 되살아나는 그때의 심정들과 나를 오버랩하면 다친 마음을 어루만지는 여행의 치료를 받게 된다. 그래서 여행을 오래 다녀보라고 한다. 낙후된 동네라고 해도 그 곳은 나에게는 새롭다.

어떻게든 무엇인가 여행에서 얻어야 한다는 강박관념으로 바쁘게 여행코스를 짜서 다 보고 채웠다는 것은 허기진 배를 음식으로 꾸역꾸역 채워 넣은 것과 같다. 허기진 배를 채웠다고 해서 다른 음식으로 채우려고 하는 것은 현대인이 가진 무한정의 욕망이 아닐까, 욕심뿐만 아니라 욕심을 보듬어주는 마음으로 채워주는 여행과 함께 나의 인생도 조금은 이해받으면서 저물어간다.

여행은 이제 우리 삶에서 빠지기 힘들어졌다. 특히 속도감에 빠져 우리가 놓치고 살아가는 소중한 순간들을 발견할 수 있는 방법으로 '여행'이 중요하게 되었다. 같은 공간에서 벗어나 일상에서 살아가는 순간을 벗어나 생각하기는 힘들다. 공간을 바꾸고 나를 둘러싼 환경을 바꾸면서 자신을 돌아보게 되었다. 그래서 더욱 이국적인 공간을 찾게 되고 그들의 삶에서 새로운 삶을 느끼고 나를 돌아보는 좋은 방법으로 사람들이 여행을 선택했다. 자연스러운 분위기에서 다니는 여행이 최고이다. 왜냐하면 자신의 마음이 담긴 여행코스에서 즐길 수 있기 때문이다.

치유의 공간

생각해본다. 나는 지금 어디 즈음에 있지? 머리 아프게 생각했던, 큰 고민거리들이 그냥 작은 조각으로 보이기 시작한다. 어차피 지나갈 한 순간으로 여겨지기 시작한다. 그냥 여유롭게 어차피 지나가야할 어려운 강이라면 적어도 웃으면서 가보자라는 생각을 해보았다. 어차피 건널 것이라면 찌푸리나, 걱정하나, 웃으나 매한가지로 건너기만 하면 되는 것. 서로 부부들이 처음 만난 순간들을 이야기하고 살아온 이야기를 들어오며 어느새 내 안의 어려움은 다 위로 받은 것 같았다.

그냥 그럼에도 살아가는 것. "어차피 살아갈 것이라면 조금이라도 웃고 옆에 있는 사람과 이야기도 도란도란하며 의연하게 가고 싶다"라는 생각이 들었다. 그리고 사진의 할머니 할아버지는 젊었지만, 그리고 모두가 젊음이 아름다웠다고 하지만 현재 내 앞에 있는 그들의 주름 뒤에 있는 웃음 짓는 얼굴이 훨씬 더 아름다웠다고 확실히 말할 수 있다. 그 여유로운 따뜻한 얼굴에서 그들이 좋은 삶을 만들어왔다는 것이 느껴졌다.

짧은 시간에 나는 바에서 '희희덕'거리며 대화를 나누다가 고민을 털어 놓았고, 위로받았고, 치유 받았다. 놀랍게도 웅성웅성 왁자지껄한 집 앞의 카페가 마법의 '치유의 공간'으로 바뀌는 순간이었다. 여느 때처럼 이야기를 하고 다시 집으로 돌아가는데 나도 모르게 천천히 걸어갔다. 그 어떤 길 함께 가야할 길이라면 내가 신이 아니니 모든 걸 예견할 수도 좋은 길만이 올 것이라고 할 수 없겠지만. 그렇다면 '그냥 천천히 조금이라도 바라보고 함께하며 웃어 보자.' 라는 생각이 들었다.

친구의 느낌

아침에 일어나 여유롭게 준비한 아침을 먹고 멋진 풍경을 보며 하루를 보내는 것이 얼마나 황홀한지, 겪어보지 않으면 모른다. 현지인의 문화는 어떻고, 사람들의 생활은 어떤지 역시 겪어보지 않으면 모른다. 내가 찾은 새로운 여행의 의미는 바로 이런 것이다.

새로운 공기를 마시며 새로운 삶에 적응할 수 있는 것, 그 과정 속에 그 나라의 특징을 깨닫고 더 알아가는 것. 그 지역 사람들과 소통하고 진지하게 알아가는 것. 이것이 바로 여행이 아닐까하는 생각이 든다. 사실 내가 이런 생각을 하기 전까지 여행을 와서 스스로 밥을 해먹게 된다는 것조차 생각하지 못했다. 막연하게 통조림과 컵라면만 챙겼고, 레스토랑에서 해결할 수 있을 줄 알았다.

과거의 나에게 여행이란 그런 단순한 것이었기 때문이다. 조지아의 집에 머물면 하나부터 열까지 스스로의 힘으로 식사를 해결해야 한다. 조리 도구는 다 준비 되어 있다. 그래서 놀랐고, 신기하다. 하지만 혼자서 장을 봐서 요리를 해야 한다.

어릴 적 나의 기억을 깨우는 조그만 가게에는 과일과 채소들이 즐비하다. 조지아 어를 모르기 때문에 손짓과 어설픈 웃음으로 원하는 것들을 담는다. 아주머니는 웃으면서 영어를 하신다. 깜짝 놀라는 표정에 이것저것 대화를 나누었다. 매일 나는 이곳에서 장을 보고 사람들을 소개받고 이야기를 나누게 되었다. 점점 대화가 길어지면서 친구의 느낌을 받으면 기분이 좋아진다.

평소에 잘하지 않았던 요리라 어색하기도 하다. 식사 때마다 메뉴 고민을 하기도 한다. 갑자기 엄마 생각이 났다. 늘 아침 준비를 하면서 고민을 하셨을 엄마에게 미안해졌다. 뭐든 해보지 않으면 모른다고, 나 역시 마찬가지이다. 평범한 집안일을 한국이 아닌 조지아에서 하면서 지난 행동에 대한 반성을 하게 되었다. 특히 나를 키우신 엄마한테 미안해졌다. 동시에 내가 지금이라도 이런 생각을 할 수 있음에 감사해졌다.

카페 거리^{Shavteli Street}

트빌리시에서 커피를 마시면서 지나가는 사람들을 지켜보며 하루를 시작하는 것도 좋다. 최근에 조지아에 관광객이 밀려들면서 점차 카페에도 장기여행자가 늘어나고 있다. 관광객이 주로 찾는 카페들은 대부분 카페거리에 있는 카페들이다. 유명한 카페거리는 2곳이 있다.

카페거리로 많은 관광객들이 찾기 때문에 조지아에서 유명한 레스토랑들이 즐비해 있다. 특히 여름에는 더위에 지친 외국 관광객이 몰려들어 문전성시를 이룬다. 메테히 다리를 시작하는 지점의 골목으로 카페들이 골목길을 따라 이어진 지점이 카페 거리이다. 위치를 잘 모르겠다면 네모난 시계를 보고 시작지점을 확인할 수 있다. 혹자는 '여행자거리'라고 부르지만 여행자거리는 아니고 카페골목이라고 부르는 것이 더 맞을 것 같다. 카페 골목이 끝나는 지점에 타마다 동상이 나오므로 시작과 끝은 정확하게 알 수 있다.

나를
이해하다

바라보는 것은 좋을까?

나이가 들어갈 때 사용하는 표현 중에 '~~를 바라보는'이라는 문구를 사용한다. 왜 일까? 궁금했지만 여전히 나는 왜 '바라본다.'는 단어를 사용하는 지는 정확히 모른다. 예전에는 아름답고 멋진 건축물이 더 보고 싶은 여행지로 선택이 되었다. 점점 나이가 먹어감에 따라 건축물보다 멀리 보이는 아름다운 자연을 바라보는 내가 보였다. 끝없이 보이는 빙하를 보거나 산 위에서 끝없이 보이는 구름, 아래에 흐릿하게 보이는 마을이 더 호기심을 끌었고 자연이 만든 작품은 인간이 따라가기 힘들다는 결론에 이르렀다.

조지아에서 아래에 펼쳐진 마을이나 자연을 바라보는 나를 보면서 나이가 들면 바라보는 시간이 많아진다는 사실을 알게 되었다. 점점 현실에서 벗어나 일자리도 찾기 힘들고 뒤로 밀려나는 현실에서 무엇인가를 바라보게 되는 것은 나이가 들어가는 사실에 바라보면서 생각하는 시간이 늘어나는 것이 순리가 아닐까 한다.

어쩌면 이제 살아온 인생을 돌아보고 정리해야 하는 나이로 들어갈지 모른다. 가끔 "일흔을 바라보는 나이에 아직도 ○○으로 활동하고 계신다."는 이야기를 들으면 나이는 숫자에 불과하다고 다시 생각하지만 한 인간이 나이를 먹고, 왕성하게 활동하고 살아가는 시절을 거쳐 현업에서 벗어나는 것은 인간의 숙명일지 모른다.

나는 대학교도 약간 늦게 들어가고 직장생활도 늦게 시작해서 인지 세월을 허비한 느낌을 혼자서 가지고 있었다. 그런 상황에 나는 새로운 직업을 찾는 현실은 더 빠르게 다가왔다. 그럼 현업으로 활동하는 시기가 남들보다 짧았다는 것이다. 남들도 하는 고생을 거쳐 새로운 직업을 가지게 되어 다행이지만 혼자서 다른 사람다는 오래 살아야겠다는 다짐을 했다.

앞으로 우리가 살아가는 시대에는 오래 살게 될 것이고 인공지능 AI, 언택트^{Untact}라는 현실에서 수명은 늘어날 것인데 현업으로 일하는 상황은 더욱 짧아지게 되는 것을 전망한다. 그러면 사람들은 무엇인가를 바라보게 될 것인데, 점점 더 어린 나이에 무엇인가를 바라보면 이 표현은 틀린 문구가 되지 않을까 생각해본다.

누구라도 좌절하고 포기할만한 상황이 닥치는 나이는 젊었을 때와 나이가 들었을 때의 상황은 다를 텐데 걱정이 되기도 한다. 아무리 절망적인 상황이라도 자신의 내면을 살피고, 아직 자신이 가진 것을 단단히 붙잡고 다시 일어설 수 있는 용기가 있다면 그 어떤 좌절도 극복할 수 있다는 흔한 이야기는 다가오지 않는다는 것이 두렵다. 사람들이 많이 하는 '요기 베라'의 말, "끝나기 전까지는 끝난 게 아니다." 가 나에게 용기를 주게 될지 궁금하다.

왜 여행을 떠나야 알게 된 것일까?

80년의 세월 동안 할머니의 마음에
무엇이 채워져 있는지 알지 못했습니다.
그러한 마음속에 한글 하나가 더해지자
이렇게 아름다운 깨달음으로
세상에 태어났습니다.

당신의 마음속에 그 어떤 아름답고
귀한 것이 들어있는지 당신 자신조차
깨닫지 못하고 있을지도 모릅니다.
팔순 넘긴 시인 할머니도 찾을 수 있었던
그것을 찾기 위해 노력해 봅시다.
노력에는 한계가 없습니다.

배움이란 평생 알고 있었던 것을
어느 날 갑자기 완전히 새로운 방식으로
이해하는 것이다.

- 도리스 레싱 -

지루하지 않은 다양성

기업의 기획 회의에서 아이디어 개발 방식의
하나로 어떤 문제의 해결책을 찾기 위해
여러 사람이 생각나는 대로 다양한 아이디어를
쏟아내는 브레인스토밍이 많이 사용됩니다.

열 명의 사람을 하나의 틀로
한데 묶어버리면 하나의 가능성만 남게 되지만,
그 열 명의 사람을 자유롭게 풀어주면
열 개의 가능성이 생기는 것입니다.

각자의 취향이 다르다는 걸 인정하면,
이렇게 더 많은 가능성이 열립니다.

오늘의 명언

모든 사람이 입을 맞춰 똑같이 노래를 부른다면
그 노래의 가사는 아무런 의미도 지니지 않는다.

- 스태니슬로 저지 렉 -

외로움을 찾아서 여행을 할 필요가 있다.

얼마나 값진 보물을 숨겨두었기에 그토록 깊은 풍경을 지닌 걸까? 천상 앞의 풍경을 뽐내지 않으려 구름으로 숨겨 놓은 카즈베기, 그 깊숙한 산중에 은은한 빛을 발하고 있는 원석 같은 풍경에 다가선다.

산 위에 초록 물결이 일렁인다. 수많은 산줄기가 서로 도움을 주고 받으며 도란도란 앉아, 여름에는 푸릇한 초록을 뽐내고, 겨울에는 하얀 옷을 입어 산을 가리고 세상의 선물을 소수에게만 주고 있는 조지아 북부의 천국에 다정한 발걸음이 깃든다.

만년설이 녹아 시작된 물줄기가 거대한 바위산을 가르고 층층이 쌓인 바위가 세상의 무게를 딛고 일어서 사람들의 삶에 영향을 미치고 인간은 만년설의 풍요로움이 감사하며 살아간다.
산맥을 굽은 산등 안에 또 하나의 세상의 무게에 어깨를 내어주는 듯하다. 이색적인 풍경을 만들어낸다. 하늘의 구름도 산속에 빠져 있는 듯하다.

카즈베기에서 트레킹을 하면서 계속 걷다가 여행에 대해 생각난 것이 있다. 대자연을 지켜보면서 스스로를 되돌아볼 시간이 필요했던 시간이었다.

무작정 달린다고 해서, 멀리 떠난다고 해서 고민이 사라지는 것은 아니다. 그저 일상의 무게를 내려놓는 방법을 알아가는 것 정도가 여행에서 내가 깨달은 것이다. 더없이 너그러운 세상 앞에 내가 먼저 생각과 마음을 활짝 연다면 세상도 나에게 문을 열어 주기에 나는 힘들 때면 여행을 떠나는 것이 아닐까.

조지아 여행이 부담스러울 때

여행에 대한 안 좋은 댓글이 많아지는 데 여행을 가는 사람들의 숫자는 많아지는 아이러니, 여행에 대한 뉴스의 댓글을 살펴보면 대부분은 안 좋은 내용이다. 그런데 악플도 읽어보면 정형화되어 있다.

1. 경제가 이렇게 어려운데, 나가야 하나?
2. 혼자서 여행가는 데 왜 사진이 많아, 사진 찍으러 여행 갔네.
3. 여행갈 돈으로 공부나 해라, 혹은 기부해라.
4. 해외여행 다녀오면 뭔가 배울 거 같아?
5. 여행에서 돌아오면 일자리 찾기 힘들 거야.
6. 꼭 여행을 가야 나를 찾을 수 있니?
7. 어린 나이에는 열심히 일을 해야 하는데, 아무 생각 없이 나가서 놀다 오려고만 하니 나라가 이렇게 되었네.

등등 많다.

우리 사회는 아직 여행에 대해 부정적인 시각이 많다. 그렇다면 여행을 가는 사람들의 숫자는 줄어들어야 하지만 여행객의 숫자는 급격히 늘어났다. 대한민국의 사람들은 대부분 열심히 일한다. 일에 취해 노는 것도 귀찮아할 정도로 대부분의 주중 시간에는 일을 하고 잠만 자다가 또 일을 한다. 주말에는 힘들어서 놀러가기도 귀찮아할 정도이다.

제조업이 주된 산업이라서 열심히 일을 해야만 돈을 벌어서 살 수 있는 사회에서 우리는 오랜 시간 살았다. 창의적인 사람이 되어야 하지만 쉽게 생각할 시간도 부족하다. 여행의 대부분은 휴양지에서 쉬는 일정으로 채워진 경우가 아직도 상당수다.

조지아 같은 아직 유명해지지 않은 나라에서 여행의 감정을 느끼는 것이 때로 사치스럽게 다가올 때 나는 여행의 부정적인 시선이 부담스러울 때이다. 언제 여행이 긍정적인 시선으로 채워질까? 하는 생각도 하지만 여행 작가인 나에게 여행이 일이라서 다행이라는 위로를 한다. 조지아에서 때로 여행이 부담스러울 때 카페에 앉아 숨을 고르게 하고 창문을 통해 바깥을 바라본다.

풍경 보는 방법

여행을 많이 하면서 달라진 것들이 있다. 나는 여행을 하면서 환상적인 자연을 보면 감동 받는 것을 좋아했다. 아이슬란드 폭포나 빙하부터 모로코의 사하라 사막까지 지구상에는 말로 표현할 수 없는 풍경을 보고 감탄한다. 갑자기 떠난 조지아 여행에서 풍경을 제대로 전달하기 위해 어떤 표현이 좋을까를 고민하고 다양한 표현을 찾아보기도 했다. 또한 유명한 작가들은 어떻게 느꼈을까를 읽어보기도 했다. 그런데 이런 풍경을 이제는 표현하지 않는다. 온전히 그 순간에 내가 느껴서 내 몸에 오랫동안 남아 있게 만들려고 한다. 그 순간을 표현하는 글씨 솜씨가 나에게는 부족하다는 것을 알기 때문에 나는 내 방법을 찾아낸 것이다.

그렇게 느끼고 난 후, 사진을 몇 장 찍어서 남겨놓는다. 사진이 마지막으로 남겨 놓는 것은 한참을 보지 못할 그 순간을 아쉬워서 며칠은 보고 싶은 시기가 많기 때문이다. 시간이 지

나고 사진을 보는 횟수가 줄어들면 점점 잊으면서 나의 삶을 살아가게 된다.

그러다가 어느 순간 그 사진을 보면 다시 그때의 느낌이 다시 살아날 때가 있다. 주로 밤늦게 누군가를 그리워할 때, 나의 느낌이 불안할 때 그 사진은 나에게 기쁨과 희열을 다시 준다. 그러니 나에게 그 사진은 병원의 의사가 나에게 준 처방전과도 같다. 조지아도 나에게 많은 처방전을 주었다. 나는 의외로 조지아에서 많은 사진을 찍었고 그들의 삶을 관찰했다.

그때 찍은 그들의 사진과 자연을 찍은 사진이 나에게 점점 모여들어 내 사진들은 나를 위한 종합병원을 차리게 되었다. 누군가는 돈과 부동산을 좋아하지만 나에게 사진은 나의 돈이며 부동산이다. 그만큼 나의 시간이 담긴 보물과 같다. 영원하지는 않겠지만 나는 무거운 돈과 부동산이 아니고 공간에 살아남아 나에게 새로운 영감도 주고 위로를 주는 정신 병원의 역할도 하고, 멜라닌을 분출시키는 내과가 되어 주기도 한다.

현대의 중년은 청춘과 같다!

우리는 40대가 되면 자신의 얼굴에 책임을 지라는 공자의 말씀을 들을 적이 있다. 공자가 했던 시대의 문구를 현대의 사람들에게 물려주면서 그렇게 살아야 한다고 강요 아닌 강요를 한다. 그런데 현대의 40대는 자신의 얼굴에 책임을 질 수 있을까?

나는 여행을 하면서 사진을 찍고 내가 여행을 하는 여행지의 사진을 원하는 지인들에게 여행지의 풍경사진을 카톡으로 보낸다. 카즈베기Kagbegi의 자연은 정말 어디에서도 보기 힘든 풍경을 보여준다. 그들은 내가 부럽다고 하면서 사진이 어디냐고 묻기도 하고 맛있는 조지아 음식의 사진을 보면서 맛은 어떠냐고 묻기도 한다. 나의 지인들이 나의 해외여행에 부럽다고 생각하기도 하지만 내가 보내주는 관광지의 사진에 더 관심을 가지기보다 현지에서 발생하는 에피소드나 우연히 발견한 풍경이 예쁜 장소에 대해 대화를 나눈다. 나는 여행지의 사진을 보낼 때 지금 여행지에서 내가 느끼는 감정을 사진을 보내 대화를 나눈다. 카톡을 평소에 지인들과 나누려면 할 말이 없지만 내가 보내는 사진으로 대화를 나눌 수 있다.

그런데 나의 질투가 짙은 친구는 이런 대화가 오가지 않는다. 처음에는 아무렇지 않게 랜선 여행을 다녀보자고 보내달라고 하지만 욕심 많은 친구는 자신이 이룬 업

적에 취해 재산과 앞으로 어떤 집에 살고 싶고 집값이 오르는 것에 자랑스러워한다. 그러니 나의 사진은 내가 친구에게 보내는 나의 자랑거리라고 생각하게 된다. 당연히 좋은 대화보다는 대뜸 자신도 내가 간 여행지를 패키지여행으로 갈 거라고 한다. 사진을 보내지 않으면 보내달라고 하지만 보내면 대화가 즐겁지는 않다.

나는 이 친구와 대학교부터 같이 여행을 많이 다녔다. 그때 같이 보낸 시간은 우리가 친구로 아직도 남아있게 만드는 연결고리이다. 그때는 서로 우연히 갔던 장소나 도시에서 좌충우돌하는 여행을 하며 웃기도 하고 싸우기도 하면서 보낸 시간이 지금은 그립기도 할 것이다. 하지만 나는 조지아와 같은 새로운 여행지에서 이전과 같은 여행을 같이 하고 싶기도 하고 그 시절의 느낌을 받아보기 위해 사진을 보내지만 그 친구에게 나의 여행지 사진은 '자랑질'하는 요소이다.

나도 젊었을 때는 돈으로 성공하고 싶고, 돈이 모든 것이라고 생각하던 시절이 있었다. 그 욕심은 더 큰 욕심을 부르고 지속적으로 보이는 더 큰 욕심에 결국 파국을 맞았다. 그 파국을 막기 위해 몇 년을 보내면서 나의 머릿속에는 행복하게 살기만 하자. 더 이상 돈은 필요 없다. 돈은 행복하게 사는, 살 정도의 돈만 있으면 된다고 되새기며 그 시기를 보냈다.

지금은 나에게 돈보다 중요한 것이 나의 마음의 평안이다. 40대에 나의 얼굴에 책임을 지라는 공자의 말씀이 나는 와 닿았다. 이런 나에게 친구는 애처로운 대상이다.
중년이 되면서 자신이 생각하기에 어느 정도 성공을 거둔 사람들에게 여행은 편안하게 다녀오면서 다른 사람들에게 자랑을 할 수 있는 요소일 수 있다. 한마디로 여행의 에피소드는 없으며 우연한 여행이 발생하는 새로움도 없다. 성공에 취한 것은 결국 욕심과 다른 사람의 성공을 질투하는 것뿐이다. 20대의 여행은 돈이 부족하니 배낭을 들고 고생을 하면서 친구와 싸우기도 하고 흥정을 하면서 얼마 안 되는 흥정을 성공하면 좋아하며 밤새 여행을 하며 지낼 수 있는 시기이다.

현대에 수명이 100세 인생이라고 한다면 오래 전의 20대와 지금의 40대는 비슷한 시기이다. 성공을 했다고 그 성공이 100세까지 이어질지 모른다. 인생은 잠시의 성공으로 욕심을 부리면서 나이가 들어서 그 성공이 실패로 바뀔지 모르는 시기이다. 차라리 도전 정신을 가지고 살아가면서 우연한 곳에서 새로운 사람을 만나고 나를 바꿀 수 있는 유연한 생각을 가지고 살아가는 것이 남은 인생에서 더욱 성공에 가까워질지 모른다.

40대의 중년이 앞으로 남은 50년의 세월을 살아가야 하는 데, 성공에 취해 더 이상 신기해하지 않고 궁금하지 않은 세월은 나이든 사람인 '꼰대'로 직행하게 될 것이다. 40대라고 젊은 사람들에게 어떻게 살아야 한다는 둥, 열심히 일을 하고 도전 정신을 가져야 한다는 둥 하는 이야기는 불필요할 것 같다. 현대의 40대, 이전 세대의 20대가 더 어린 이들에게 세상에 대해 말하는 상황은 어린 아이가 더 어린 아이에게 세상에 대해 말하는 것과 같다.

인생과의 거리두기
distancing oneself from life

Iceland

지구 속 외계행성, 아이슬란드 여행의 시작

유럽보다 북극이 더 가까운 나라, 아이슬란드. 아이슬란드의 수도 레이캬비크 Reykjavik에 도착한 것은 오후였지만, 짐을 찾고 나오니 벌써 해가 지고 있었다. 3

시 30분인데 분위기는 이미 밤처럼 변해 있었다. 게다가 공항에서 출발할 때부터 눈이 오기 시작하더니 시내로 들어서자 함박눈으로 바뀌었다. 도시는 이미 한밤중이었고, 시내에는 사람도 별로 없었다. 북유럽의 활기찬 겨울 풍경을 기대했는데 말이다. 레이캬비크에서 가장 돋보이는 상징물은 단연 하들그림스키르캬 교회Hallgrimskirkja church다. 현대식 콘크리트 건축물인데 건물 전면은 현무암기둥으로 상징화했고, 40년에 걸쳐 지난 1986년에 완공되었다. 겨울에 보는 어두운 분위기의 교회는 더 정감이 갔다. 교회를 둘러싼 조명의 빛이 교회를 밝혀주고 있었다.

교회 앞에는 레이뷔르 에이릭손 동상이 서 있다.

유럽인 최초로 북미대륙에 발을 디디고 탐험한 사람으로, 아이슬란드 의회인 알싱기의 설립 1,000주년을 기념하여 미국 의회에서 선물한 것이다. 교회 안으

로 들어서자 5,273개의 관이 연결된 파이프 오르간이 15m 높이로 서 있다. 힘을 내서 75m 높이의 전망대를 올랐다. 여기서 내려다보는 겨울의 레이캬비크는 어떤 풍경일까? 추운 날씨이지만 전망대에는 많은 관광객들이 모여 사진을 찍느라고 정신이 없었다. 하들그림스키르카 교회의 전망대에서 보니 수도인데도 그 흔한 고층 빌딩 하나 없다. 여름에는 아기자기하고 북유럽스러운 색깔을 입힌 집들을 보았는데, 겨울 동안엔 내려앉은 눈의 하얀 색만 보여주려나 보다. 교회를 나와 거리로 향했다.

각국에서 몰려드는 여행자들이 찾는 레이캬비크의 첫 번째 먹을거리는 핫도그다. 바이야린스 베즈튀 가게는 클린턴 전 미국 대통령이 즐겨 찾았다는데, 세계

적인 신문에도 여러 번 실릴 정도로 인기가 높다. 다행히 밤에도 핫도그를 먹을
수 있었다. 나는 레이캬비크에 올 때마다 이 핫도그를 먹으러 온다. 변하지 않
는 착한 가격이라 더욱 좋다.

밤 9시, 레이캬비크 최대의 번화가인 라우가베구르 거리는 여전히 북적였다.
'불금'을 즐기러 나온 주민과 관광객들이 뒤엉켜 카페와 펍은 꽉 차 있었다. 정
겨운 분위기다. 표정은 차가워 보이지만 속마음은 따뜻한 아이슬란드인들을
닮았다. 여름에는 '륀튀르'라고 해서 해가 지지 않는 백야가 오면 금요일부터
월요일 아침까지 즐기는 젊은이들의 문화가 있다. 겨울의 불금도 여름 못지않
았다.

가슴 벅차게 아름답고 장엄한 광경, 골든 서클을 찾아서

오늘은 골든 서클이라고 불리는 아이슬란드의 대표적인 관광지 세 곳을 보기로 했다. 레이캬비크에서 꼭 찾아야 할 관광지인 이곳들은 아이슬란드의 자연과 문화가 농축된 장소라는 의미에서 골든 서클이라 불린다. 수도인 레이캬비크를 벗어나자마자 드넓은 눈밭이 펼쳐진다. 산 아래 초원에서 눈이 덮인 자연 풍광이 끝없이 나타난다. 레이캬비크에서 약 2시간을 달리면 드디어 골든 서클을 만난다. 오랫동안 눈과 얼음으로 가득한 끝이 없을 것 같은 도로를 달려왔는데, 골든 서클에 도착하니 다른 세상에 온 것 같다.

골든 서클의 첫 타자, 드넓게 펼쳐진 초원과 습지 사이로 강물이 흐르는 싱베들리르 국립공원은 깨끗한 겨울의 옷으로 갈아입었다. 바위 앞 깃대 위에 아이슬란드의 국기가 휘날리고 있다.

대서양 한가운데 떠 있는 고립된 섬 아이슬란드의 정체성을 품은 듯 꼿꼿하게.

저 멀리 보이는 싱그베들리르 교회는 1859년에 만들어졌다. 하얀색 속에서 십자가만 보이므로 숨은 그림 찾기처럼 잘 살펴야 찾을 수 있다.

골든 서클의 두 번째 경유지는 게이시르다. 아주 오래전, 헤클라 화산 폭발로 간헐천이 생겨났다. 뜨거운 김이 뭉게뭉게 피어나는 사이로 갑자기 솟아오르는 간헐천을 보니 생기발랄한 청춘의 느낌이 든다. 게이시르는 간헐천 한 곳의 이름이었지만 지금은 간헐천을 통칭하는 단어로 쓰인다. 물의 온도는 섭씨 80~100도씨에 이른다. 게이시르는 예고 없이 빵! 터진다.

다들 그 놀라운 광경을 포착하려고 사진기에 손을 고정하고 분출의 순간을 기다리지만 분출의 이미지는 쉽게 포획되지 않는다. 분출도 분출이지만 그 순간을 기다리는 사람들을 바라보는 것도 재미있다. 분출 이후에는 다들 각자의 사진기를 보며 잘 찍혀있는지 확인한다.

탄식과 환호가 어우러지고, 일단의 사람들이 우르르 빠져나가고 나면 탄식의 무리들만 남아 다시 사진기를 몸에 고정한다. 보통 5분에 한 번 분출된다고들 하지만, 사실 그건 게이시르 마음이다. 여름철 게이시르는 '분노의 물줄기'를 5분에 한번 꼴로 하늘 높이 뿜어내지만, 겨울에는 추운 날씨 탓인지 높이 솟아오르는 장면은 몇 번에 한 번 정도밖에 없다. 높이 솟는 게이시르를 찍기 위해 한참을 기다리는 게 쉬운 일은 아니겠으나 다들 표정은 웃고 있다. 다행히, 이번에는 높이 솟아올랐다. 여름보다 더욱 시원하게 뻥 뚫리는 느낌. 잠시 뒤 나도 환호를 지르며 자리를 떴다.

세계10대 폭포에 이름을 올린 귀들포스

골든 서클의 마지막은 우렁찬 폭포 소리를 들을 수 있는 귀들포스다. 워낙에 해가 짧다 보니 오후 2시인데도 마음이 불안하다. 날씨가 좋으면 무지개와 함께 귀들포스의 모습을 담을 수 있지만, 겨울에는 구름이 낀 날이 많아 무지개가 뜨는 경우가 드물다. 귀들포스에는 한때 위기의 순간이 있었는데, 민간인 투자자가 수력발전 개발을 위해 경매에 넘겼던 것이다.

한 여성이 귀들포스의 보존 이유를 알리고 서명을 전개하여 정부의 마음을 움직였고, 정부가 귀들포스를 사들이면서 1979년 자연보호구역으로 지정되었다.

많은 사람들이 이곳을 보고 즐길 수 있게 되고, 폭포주변의 자연 환경을 영구적으로 보존될 수 있었던 건 아이슬란드 최초의 환경운동가라 할 수 있는 그녀 덕분이다. 그녀의 노력에 박수를.

야성적이고 장대한 귀들포스는 세계 10대 폭포 가운데 하나로 아이슬란드에서는 가장 큰 폭포다. 정상의 만년설에서 흘러내린 폭포수가 32m 절벽 아래로 내리꽂히기에 땅 속으로 떨어지는 폭포라고도 불린다. 한여름의 귀들포스는 무더위를 한 순간에 날려버릴 정도로 시원한 매력을 발산하는데, 겨울인 지금은 매서운 바람에 뺨을 감추기 급급하다. 그래도 꽝음을 내뿜으며 흘러내리는 귀들포스를 보니 가슴 속 답답했던 것들이 싹 사라지는 것 같다. 모두들 폭포를 보느라 정신이 없고, 발걸음은 떨어지지 않는다.
사진으로나마 조금 더 많은 기억을 남겨두기 위해 폭포 가까이 한 발짝 더 다가선다. 한 컷의 순간을 위한 노력이라니, 어떤 풍경이 또 이토록 간절했었단 말인가?

아이슬란드 남부, 살아있음을 실감하다.

숨을 크게 들이 쉰다. 숨을 쉴 때마다 온몸이 아이슬란드의 맑은 공기에 반응한
다. 내가 살아있다는 실감, 본래의 나로 돌아가는 기분. 천혜의 자연을 상속 받
은 아이슬란드 사람들. 하지만 화산과 빙하로 둘러싸인 이 땅에서 지금의 생활
수준으로 끌어올리기까지는 쉽지 않았을 것이다. 그저 순리대로 살아갈 수밖에
없었을 거라 생각해 보지만, 순리, 순리……

겨울엔 보통 남부 지방을 여행한다. 스코가포스는 남부에서 가장 유명한 폭포이다. 62m아래로 떨어지는 폭포의 물줄기가 언뜻 얼어있는 듯 보이지만 가까이다가가면 아주 딴판이다. 빙하가 녹아 흐르는 폭포의 물줄기는 겨울에도 줄어들지 않아 접근하기 힘들다.

여름과 마찬가지로 어느 정도 거리를 두고서야 제대로 폭포를 감상할 수 있었다. 여름에 찾아 왔을 땐 그저 아름다운 전원으로만 보였던 인근 마을이, 한겨울인 오늘은 좀 쓸쓸해 보이기도 한다.

해안 절벽의 주상절리는 화산이 폭발할 때 용암이 급격하게 식으면서 생긴 암벽이다. 바닷물에 침식된 해안 절벽은 다양한 형태의 동굴을 만들었다. 오랜 시간파도가 깎아낸 자연의 조각품인 것이다.

남부의 주상절리를 볼 수 있는 '레이니스피아라'는 레이캬비크의 상징인 하들그림스키르카 교회의 모태가 되었다.겨울 여행의 하이라이트는 오로라와 얼음동굴인데, 남부여행에서 이 두 가지를 모두 즐길 수 있다. 그 중 '스비나펠스요쿨'이란 곳에서는 빙하트레킹을 즐길 수 있으며 영화〈인터스텔라〉의 얼음행성을 이곳에서 촬영한 이후로 항상 관광객들로 붐빈다.

빙하트래킹 후에는 '요쿨살론'으로 이동해 빙하를 근접한 거리에서 감상할 수 있다. 압축된 유빙 때문에 이곳의 빙하는 천 년의 세월을 견뎠다고 한다.

뜻밖의 만남, 오로라

남부를 여행하는 동안 날씨가 좋지 않았다. 비가 오는 바람에 얼음동굴은 고사하고 오로라도 볼 분위기가 아니었다. 구름이 이렇게 거대한 줄은 몰랐다. 물기를 머금은 까만 구름이 온 하늘을 덮고 있어서 한번 들어가면 그 안에서 길을 잃을 것처럼 보였다. 몇 킬로미터를 운전해도 구름 밑을 벗어나지 못하니 얼마나 큰지 짐작할 수 있으리라.

다행히 호픈을 지나면서 날씨가 좋아지기 시작했다. 동부로 가는 길은 그래도 열려 있어서 동부의 겨울 피오르드를 눈으로 볼 수 있었다. 그렇게 다섯 시간 만에 에이일스타디르에 도착했다. 장시간 운전에 지쳐 저녁을 먹자마자 바로 잠이 들어버렸다.그러다가 아래층에서 여행의 감흥에 젖어 떠드는 외국인들 때문에 잠에서 깨어났다. 한동안 다시 잠을 못 이루다가 오로라 지수와 날씨예보를 확인하고 창밖을 내다보았다. 구름이 많이 끼어 오로라는 볼 수 없나 생각한 그 순간, 하늘에 초록색 띠가 생겨났다.

뭔가 싶어 봤더니 한 줄이 더 생겼다. 오로라였다. "덕진아, 오로라야!" 친구를 부르며 카메라를 챙기고 밖으로 뛰쳐나갔다. 어느새 동쪽에 한 줄이 더 생겼고, 북쪽에는 연속적인 짧은 줄이 생겨났다 사라지기를 반복했다.

구름이 흩어지며 별이 선명한 하늘이 나타나고, 이어, 오로라. 우리는 차를 끌고

어둠이 짙어진 산으로 차를 몰고 갔다. 거기서 기다리면 더 선명한 오로라를 볼 수 있을 거라고 기대했다. 30분 정도를 기다렸지만 오로라는 다시 나타나지 않았다. 구름이 계속 몰려오더니 눈까지 뿌려댔다. 그렇게 짧은 인상만 남은 오로라를 마음속에만 담아 가져와야 했다. "내일 북쪽의 미바튼 호수로 가면 더 선명한 오로라를 볼 수 있을 거야!" 서로 위안하고, 잠시라도 오로라를 볼 수 있었음에 감사했다. 선명한 오로라도 아니었고 결국 사진에도 담지 못했지만 '기다리고 노력하면 원하는 바가 이루어진다'는 작은 진리는 다시 한 번 확인했다.

모든 조건이 갖추어져야만 오로라를 볼 수 있는 게 아니듯 사람의 인생도 모든 조건이 갖춰져야 성공하는 건 아닌 것 같다. 오히려 부족해도 노력하고 기다리는 자에게 오는 것은 아닌지.

사람이 저마다 다른 외모와 성격을 가지고 있듯, 그 사람에 어울리는 성공도 저마다 다르지 않을까. '돈으로의 성공'에 취해 있는 이들에게 성공의 여신은 너무 바쁜

나머지 이들 모두에게 은혜를 베풀어 줄 없는 모양이다. '나만의 성공'. 나만의 성공의 여신을 바라보고자 노력하지만, 그게 무엇인지는 찾아야 하는 게 더 문제긴 하겠지. 그래도 오직 그것만이 나를 넉넉하고 행복하게 하며 오랜 시간 동안 나를 위해 헌신해 줄 거라고 믿는다.

아이슬란드 겨울 여행의 진수, 북부 지방

많은 여행자들이 겨울 아이슬란드 여행에서 동부와 북부를 제외하곤 한다. 위험하다는 인식 때문이다. 실제로 눈이 많이 올 경우 동부와 북부의 도로들이 폐쇄되기도 한다. 그러나 그런 경우가 아니라면 아이슬란드 대자연의 겨울을 볼 수 있는 동

부와 북부 여행을 굳이 뺄 이유는 없다. 매일 몇 번씩 제설작업을 펼치기 때문에 조심해서 운전한다면 데티포스를 제외하고는 충분히 차로 접근이 가능하다.

일찍 눈을 떠 오전 8시부터 에이일스타디르를 향해 출발했다. 혹시나 가는 길에 오로라를 볼 수 있을지도 모른다는 기대에 부풀었지만, 광활한 구름이 하늘을 덮고 있는 것을 보고 바로 마음을 접었다. 그러나 북부로 가는 길은 그 자체로 환상적이었다.

눈 덮인 길은 의외로 미끄럽지 않았고, 속도를 줄여 천천히, 집중을 해서 꾸준히, 앞으로 나아갔다. 오히려 차가 한 대도 없어서 우리만 길 위에 덩그러니 있는 느낌이 묘하게 다가왔다. 처음에는 쓸쓸하기도 했으나 10시가 넘어가면서 눈 위로 햇볕이 쏟아졌고, 하얀 도화지 같은 눈밭 위를 최초로 탐험하는 듯한 기분에 결국 도로 한쪽에 차를 세우기도 했다.

아무도 없는 세계에서 우리만 서 있는 이 감정, 그것을 오롯이 느껴보고 싶었다. 차문을 열고 바깥으로 나가는 순간 차가운 공기에 코가 바로 반응했다. 온몸이 신선하고 깨끗한 공기로 채워지면서 몸이 새롭게 탄생하는 기분이랄까?

제자리에서 한 바퀴를 돌아보면 온통 하얀 눈밭이었다. 카메라도 초점을 잡는 데 실패하기 일쑤였고, 스마트폰의 파노라마 모드도 이동선을 잡지 못해 제대로 찍히지 않았다. 우스울 만큼 새하얀 공간이었다. 지구상에 이런 공간이 또 있을까? 극지방에라도 가야 만날 수 있지 않을까? 영화 〈인터스텔라〉의 얼음행성(실제로 아이슬란드에서 촬영하기도 했지만)을 탐험하는 기분이었다. 나와 친구는 평소 그런 성격도 아닌데 잔뜩 들떠, 동심이 되살아난 것처럼 말도 안 되는 이야기들을 떠들며 주변을 뛰어다녔다. 우리가 눈처럼 순수해졌음을 알 수 있었다.

상상초월 데티포스 로드

문제는 862번 도로를 통해 데티포스로 향하는 와중에 발생했다. 우리 앞에 딱 한 대의 차만 지나갔는지 도로 표시도 보이지 않는 하얀 길은 이것이 길이 맞나 싶을 정도로 주변과 분간하기 어려웠다. 도로 양쪽에 표시 봉 같은 것만 보일 뿐이었다. 도로에 쌓인 눈이 차량 밑을 긁으면서 차도 이리저리 흔들렸다. 친구는 계속 데티

포스를 꼭 가야하는 건지 물었지만, 나는 모른다는 답만 계속 했다. 그러나 돌아갈 수도 없었다. 돌릴 만한 길이 어디인지도 모르겠고, 차가 멈추는 순간 눈밭에 갇혀 버릴 것 같아서였다.

한참을 느린 속도로 가고 있는데 앞에 차 한 대가 보였다. 반가운 그 차는 우리에게 다가오고 있었다. 반대 방향으로 돌아가는 중이었던 것이다. 그 차는 바퀴가 아주 큰 오프로드 차량이었다. 우리가 길을 내줘야만 하는 상황이었다. 친구와 "어떻게 하지?"란 말만 반복하는 중에 그 차는 우리 바로 앞에서 왼쪽으로 차선을 벗어나 말 그대로 '오프로드'로 달리기 시작했다. 우리는 그 위용에 기겁할 지경이었다. 다행히 얼마 가지 않아 주차장 표지판이 나타났다. 눈이 이렇게 쌓여 데티포스를 볼 수 있을지는 장담할 수 없었다. 다만 차라도 되돌릴 수 있으면 다행이라고 생각했다. 주차장에는 바퀴가 큰 오프로드 차량이 3대나 더 있었고, 한 무리의 사람들이 '캐나다 구스'가 찍힌 방한복에 신발에는 아이젠을 차고 등산 스틱까지 들고 있었다. 그들은 우리가 차에서 내리자 놀란 눈으로 우리를 쳐다보았다. 어떻게 이 눈난리에 일반 차량으로 데티포스까지 올 생각을 했냐는 눈빛이었다.

그들은 눈밭을 헤치고 데티포스로 걸어가기 시작했다. 친구는 돌아가자고 했지만 나는 그래도 한 번 가보자는 입장을 고수했다. 앞선 팀들을 따라가면 쉽게 갈 수 있을 거란 판단이었다. 장갑도 없이 그들을 따라 걷는 북부의 날씨는 예상보다 훨씬 매서웠다. 주위에 바람을 막아줄 장벽 같은 게 아무 것도 없었기에 찬바람을 온몸으로 받아내야 했다. 얼굴은 새빨개졌고 입술은 새파랗게 질렸다. 손은 동상에 걸린 듯이 얼얼했다. 1㎞ 남짓 걸었을까. 선봉대가 자리에서 멈추더니 카메라를 꺼

내기 시작했다. '데티포스'라는 것을 직감하고 더욱 힘을 냈다.

하얀 눈을 뚫고 보이는 것은, 힘차게 아래로 물줄기가 뿜어지고 있는 폭포 데티포스. 사실 아이슬란드 여행자 사이에선 이런 이야기가 있다. "데티포스는 (우리가 지나온) 862번 도로에서 보면 웅장함이 덜하기 때문에 반대쪽 864번 도로로 들어가서 봐야 한다"고. 하지만 겨울 데티포스는 나의 편견을 비웃기라도 하듯 862번 도로에서 더욱 웅장하고 멋있었다. 데티포스는 편견이 여행의 장애가 된다는 걸 깨닫게 해줬다. 그걸 알려주기 위해 나를 힘들게 여기로 데려온 게 아닌가 하는 생각도 들었다. 나는 오늘도 자연에게 크게 배운 셈이었다.

겨울이 이렇게 따뜻한 계절이 될 수 있는지 아이슬란드에서 알았다.

겨울의 아이슬란드는 10시에 해가 떠서 3시면 해가 진다. 5시간만 해가 뜨는 극도의 어둠이 존재하는 곳이다. 언제부터인가 나는 추운 겨울이 너무 싫었다. 또한 한해가 가면서 나이를 먹으면 먹을수록 쓸쓸한 기분에 겨울은 빨리 지나가버렸으면 좋은 계절이었다. 여행도 되도록 추운 겨울은 피하고 따뜻한 봄부터 여행을 떠났다.

그렇게 겨울은 나에게 기피하는 계절이었다. 하지만 사업에 실패하고, 많은 일들이 생겨나면서 점점 사회에서 멀어지고 사람들에게서 멀어지고 있는 나를 발견하면서 세상은 싫은 곳이 되었다. 그런데 사람들이 밖으로 나오지 않는 추운 겨울에 나는 점점 나오게 되었다.

반대의 생각을 하고 행동도 반대로 하는 경우가 발생했다. 아이슬란드는 백야가 생기고 날씨가 따뜻해지는 6~8월 사이에 가장 많이 여행을 온다. 여행을 온 사람들이 극도로 적어지는 겨울에 나는 아이슬란드 여행을 떠났다. 그리고 여행자가 없는 아이슬란드에서 자연과 호흡할 수 있는 여행을 다녀온 후 자꾸 생각나 다시 오게 되었다.

아이슬란드 겨울 여행은 그나마 아이슬란드 남부의 요쿨살론까지만 다녀온다. 바람이 많이 불고 눈이 많이 오는 아이슬란드 여행에서 도로가 정비되고 다녀오기 좋은 구간이 아이슬란드 남부에서 동부로 넘어가는 중간지점인 요쿨살론까지 여행을 왔다가 다시 수도인 레이캬비크로 돌아가는 것이다. 나는 동부로 넘어간다. 동부로 넘어가는 도로부터 극도로 차량의 양이 줄어들고 나는 점점 고립되는 상황이 발생한다.

렌트한 차를 운전하고 눈 덮인 도로를 천천히 가고 있으면 지나가는 차는 거의 볼 수 없고 나의 차를 둘러싼 바람과 차가운 공기만이 내 주위에 있다. 그렇게 고립되는 상황에서 나는 더 편안해짐을 느꼈다. 내가 대화를 할 대상은 바람과 공기 눈뿐이다.

한 시간이 넘는 동안 도로에는 한 대의 차도 지나지 않았다. 나는 도로에 차를 세우고 차에서 내려, 높이 솟아있는 전주를 바라보았다. 눈이 오면서 세찬 바람에 눈이 뺨을 때리고 홀로 고립되어 서 있는 전주가 외로워보였다.

갑자기 눈물이 핑 돌았다. 그런데 눈물은 흐르지 않았다. 세찬 바람에 눈물이 떨어지기도 전에 공기 중으로 날아갔다. 지금까지의 인생에서 지친 나를 맞이하는 전주와 바람이 슬퍼하지 말라는 것처럼 눈물은 흐르되 흐르지 않았다. 한참을 멀리 서 있는 이들을 바라보았다. 평생을 홀로 서있는 나를 보라면서 울지 말고 지나가라는 것처럼 들렸다.

갑자기 숨을 내쉬었다. 나를 기대할 수 없을 때 수많은 간절한 마음만이 나를 감싸고 더욱 나는 고립되는 순간이 나에게는 더욱 고통스러웠다. 눈을 감고 '후~~~'하고 내쉬니 차가운 바람이 나에게 인사를 한다. 나를 사랑하고 싶지 않은 마음, 부질없는 생각들, 바람은 나에게 지친 하루가 아닌 깨끗한 마음을 들숨으로 돌려주었다. 갑자기 깨끗한 공기가 몸으로 들어오니 정신이 맑아진다. 정신이 뚜렷해졌다.

그 순간 멀리서 해가 떠오르기 시작했다. 시계를 보니 10시 13분, 어두운 이 공간이 밝은 해로 가득 찼다. 시간만 흐르는 세상에 살다가 하늘만 보고 생각 없이 지내고 싶었는데, 생각 없이 지낼 수 있는 공간에서 나는 생각을 하게 되었다.

그리워, 세상이 나는 그립다.

눈을 감아도 자꾸 생각나는 세상에 화가 난다. 나는 스스로 고립되어 살았던 것이다. 그것이 세상에서 할 수 있는 일이라고 생각했는데 나는 뭔지 모를 답답함이 '뻥' 뚫린 가슴에서 다시 허기를 느꼈다.

무엇을 보고 무엇을 들어야 하는 건축물이 있는 것도 아니고 사람들이 있는 것도 아니다. 나는 오랜 시간을 자연하고만 대화를 했다. 바람과 공기, 전신주, 해, 어둠과 대화를 하다가 보면 한밤중에 신은 나에게 선물을 주었다. 온 하늘을 수놓은 오로라.

겨울이 이렇게 따뜻한 계절이 될 수 있는지 아이슬란드에서 알았다. 하얗고 검은 화산재로 덮인 빙하, 눈은 오는데 나는 천천히 차를 운전한다. 차라리 걸어가는 것

이 더 빠를 것 같은 순간이 지나면 온 세상이 눈으로 덮여 360도 나를 둘러싼 모든 공간이 하얀 색이다. 카메라를 꺼내 찍어보려고 해도 "지이~~~익" 초점을 맞추지 못한다.

나는 나를 둘러싼 자연과만 대화를 할 수 있다. 인간이 만든 기계는 움직이지 못하는 세상, 그런데 그 세상이 더 따뜻하다. 정신을 또렷하게 만들어주면서 차갑지만 차갑지 않은 정신을 만드는 대단한 능력이 나를 깨웠다.

차가워도 정신은 따뜻해지는 곳, 아이슬란드에서 나는 겨울이 따뜻한 계절이 될 수 있는지 처음 알았다. 자연 앞에서 나는 더없이 초라한 나였다. 강하다고 해도 자연 앞에서 강해질 수 없고 오랜 시간을 살아온 자연 앞에서 나의 슬픔은 다 초월해져 위로해 줄 수 있는 존재가 자연이고 이 자연이 살아가는 곳, 아이슬란드는 가끔 신의 선물이 필요한 사람에게 선물을 준다. 선물을 못 받았다고 슬퍼할 필요는 없다. 내가 잠든 사이에 내가 보지 못했을 뿐이지 나에게 선물은 도착했을 것이다.

겨울일기

한때 가수 '장나라'의 노래를 즐겨 들었던 적이 있다. 그때 '겨울일기'라는 노래를
들으면서 나에게도 겨울에 낭만적인 기억을 더듬을 수 있을까? 걱정스러웠던 때

가 있었다. 겨울일기라는 설레임이 가득한 노래리듬을 들었다. 가사는 귀에 들어오지 않았다. 새해를 희망하면서 기대감에 새해를 기다리는 나를 기억하고 싶었지만 나이가 들어가면서 더욱 겨울에는 한해가 지나가는 것이 두려워졌지만 낭만적인 겨울을 즐기고 싶었다.

겨울일기라는 뮤직비디오에 나오는 새하얀 공해도 없는 투명한 눈사람에 뽀뽀를 하는 사진이 항상 눈에 그려졌다. 그 기억이 사라졌고 나이가 든 나는 겨울, 아이슬란드에 있었다. 공해가 없는 아이슬란드의 주택을 빌려 이틀동안 있을 예정이었다. 천천히 하루를 시작해 주변의 게이시르를 보고 온천을 즐기고 나면 일찍 지는 해에 커피 한잔을 마시면서 집 주위의 호수를 산책했다. 안전한 아이슬란드에서 밤이든 저녁이든 언제나 마음 편하게 나를 돌아보고 새로운 희망을 가져볼 수 있었다.

2일차에 마트에 가서 어떤 고기를 골라야하나 고민하던 때에 마트 주인이 와서 한 고기를 집더니 이 고기를 오븐에 어떻게 요리하면 정말 맛있다는 말을 하면서 자신이 보장하니 구입하라고 하였다. 나는 마트 주인과 대화를 나누었고 그의 따뜻한 말투에 두말하지 않고 구입해와서 요리를 하였다. 나는 요리를 못해서 설명을 들었지만 요리를 하는 데에 시간이 오래걸렸다. 1시간을 씨름하면서 그의 설명대로 요리를 하려고 노력하였다.

오븐에 나온 고기를 잘라서 입에 넣었을 때에 나는 깜짝 놀랐다. 너무도 살살 녹는 고기에, 나의 요리 솜씨에 감탄하였기 때문이다. 그날 나는 행복한 저녁시간을 보냈다. 대화는 아니었지만 즐거웠고 호수 근처의 눈 덮인 길가에서 힘들게 걸었지만 넘어지면서도 행복하였다. 그날 나는 어떤 것이 행복이라는 것을 알았다. 서로 도와주고 소박한 대화와 음식재료에 행복을 담아 가는 과정이라는 것을 ......

나는 그 이후에 오랜 시간 더 머물렀다. 요즈음 유행한다는 한 달 살기 여행을 아이슬란드에서 해보았다. 마트 주인과는 더욱 친해졌고 집 주인과도 친해져 그녀가 운영하는 아이스크림 가게에서 자주 아이스크림을 먹으면서 대화를 나누었다. 삼시세끼를 먹고 요리하고 생각하고 대화하는 하루의 일과들이 행복했다.
특히 공해가 없고 눈이 자주 오는 아이슬란드에서 매일 눈사람을 만들었다. 호수의 근처에 있어서 수분을 머금은 눈은 금방 뭉쳐졌고 눈사람은 30분도 안되어 만

들었고 매일 다양한 눈사람을 만들고 눈사람에 뽀뽀도 하고 사진도 찍으면서 즐거 웠다. 눈이 녹아도 공해가 없어서 하얀 물로 다시 변하는 눈을 보면서 추운 겨울이 이토록 행복해질 수 있다는 사실이 놀라웠다.

행복에 돈과 물질이 다인 것처럼 행동하는 대한민국에서 벗어나 덜 벌고 덜 가지 고 행복한 시간을 보낸 내가 자랑스러웠다. 아이슬란드처럼 물가가 비싼 곳에서 돈도 많이 들었겠다는 이야기도 들었지만 삼시세끼를 먹는 아이슬란드에서의 물

가는 대한민국과 별반 다르지 않았다. 요리를 해먹고 만들어서 놀러가는 생활을 하기 때문에 현지의 물가는 문제가 되지 않았다.

눈이 오면 저녁을 먹고 온천을 하러 갔다. 집 근처의 노천 온천에서 눈을 맞으며, 저녁에 밤하늘을 바라보며 따뜻한 온천물에서 맞는 몸의 느낌은 너무 좋았다. 다른 표현을 찾을 수 없을 정도로 눈 맞으며 온천을 하는 내가 너무 행복했다. 집으로 돌아와 커피 한잔을 하고 자면 숙면을 취할 수 있었다.

한 달 살기에서 여러 곳을 보지 않았다. 겨울의 아이슬란드는 3시면 해가 지기 때문에 관광지 구경도 일찍 끝났다. 더 많이 보러 다니는 여행은 할 수 없는 아이슬란드, 밤이 길어서 할 게 없어서 겨울의 아이슬란드는 심심할 수 있었지만 바쁘게 살았던 나의 뇌에는 새로운 생명을 불어넣었다. 심심해도 너무 심심한 아이슬란드의 기억은 나에게 행복한 나날의 연속이었다. 대화를 나누고 요리를 하고 마을 주민들과 이야기하는 기억에 아이슬란드의 때가 끼지 않은 눈은 내가 아이슬란드를 기억하는 모티브가 되었다.

인생과의 거리두기
distancing oneself from life

Morocco

억겁의 신비가 가득한 나라, 모로코

영화 속 세상같은 비현실적인 아름다움이 존재하는 모로코, 억겁의 신비가 가득한 나라, 모로코 여행은 신선하다. 많은 한국인이 남미나 유럽 등 한국에서 멀리 떨어진 이색적인 여행지를 찾아 떠나는 추세인데, 이제 이슬람에 빠져들 수 있는 숨겨진 비경이 가득한 곳이 바로 모로코이다. 잘 알려지지 않은 미지의 땅으로 신비한

자연환경과 소박하면서도 독특한 이슬람문화를 체험할 수 있는 나라이다.

아랍 여행은 우리에게 쉽지 않은 여행이다. 정치적으로 불안한 상황과 내전, 각종 테러와 국제적인 전쟁이 먼저 생각나는 곳이 중동지역이다. 아랍세계와 이슬람교로 대변되는 나라들이지만 모로코는 예외적인 나라이다. 모로코는 포르투갈, 스페인의 식민지 시절로 유럽문화에 개방적이며 프랑스어도 많이 사용되는 국가이다. 또한 대부분의 아랍나라들이 금요일이 휴일이지만 모로코는 일요일이 휴일이다. 이슬람 지역의 여행이지만 개방적인 민족성과 안전한 이슬람 문화를 거부감 없이 접할 수 있는 나라로 계속 여행자가 늘어나고 있다. 이방인에게 더없이 궁금증을 자아내는 사람들이 사는 곳, 역사적으로 다양한 문화가 어우러져 멋진 모자이크를 이루는 모로코는 우리에게 점점 다가오고 있다.

모로코에 들어선 순간 까마득한 시간 여행을 떠난다. 바라볼수록 믿기 어려운 모로코 각 도시만의 아름다움을 보게 된다. 각 도시마다 오래된 메디나를 마주하면 오랜 시간의 흔적을 느낄 수 있다. 아랍인과 베르베르인들이 만든 주거지이자 생활터전, 구불구불하고 화려한 색상의 메디나 생활공간은 모로코의 옛 시절을 떠올리게 한다. 이 도시를 살아가는 모로코 인들은 여행객들의 감탄을 자아낸다. 천년 동안 유지되던 메디나가 다시 전 세계인에게 각광받고 있다. 아름다운 자연뿐 아니라 모로코에서 빼놓을 수 없는 매력은 각 도시마다 있는 올드 시티 메디나이다. 전 도시에 역사적으로 오래전에 만들어져 있으며 동서남북이 성벽으로 둘러싸여 있어 예로부터 외지인과의 왕래가 구분되었다고 한다. 이런 특징으로 인해 몇 천 년 동안 문화와 전통을 이어올 수 있었다고 한다.

메디나 안에서 머물고 싶어하는 관광객이 모로코 전통양식 집인 리야드에 들어가려고 문에 서 있다가 문을 통과하면 뜻하지 않게 큰 공간에 놀라게 된다. 메디나의 삶을 보면서 아랍인들의 삶을 다시금 생각하게 된다.

모로코 여행을 준비하면서 지도 속에서 아틀라스 산맥을 발견하고 당신은 가슴이 두근거렸을지 모른다. 사하라 사막 못지않게 아틀라스 산맥도 모로코여행의 매력 중 하나이다. 영웅 페르세우스가 메두사를 처치한 후 아틀라스 옆을 지나가다 그에게 메두사의 머리를 보여 돌이 되게 만들었다. 이후 아틀라스 산맥이 되었다는 전설이 전해오는 대서양의 영어 이름인 아틀란틱 오션Atlantic Ocean 또한 아틀라스의 이름에서 유래된 것이다. 아틀라스 산맥은 길이가 2,000㎞에 달하고 가장 높은 봉우리는 4,000㎞가 넘는다. 따라서 고대 지중해 세계에서 아틀라스 산맥은 신화가 되기에 부족함이 없었을 것이다. 여름에도 봉우리에는 만년설이 쌓여 있어 더욱 신비롭다.

아틀라스 산맥은 북아프리카의 북동-남서 방향으로 뻗어있는데 모로코의 가운데를 대각선으로 가로지른다. 우리가 가로지르는 이 부분은 안티 아틀라스Anti Atlas와 하이 아틀라스High Atlas 사이 부분이며, 그 북쪽으로 미들 아틀라스Middle Atlas로 이어진다. 아틀라스 산맥의 가파른 산을 올라가는 것은 쉽지 않다. 아틀라스 산맥을 지나가는 길은 관광객마다 느낌이 다르다. 힘들다는 관광객도 있지만 굽이굽이 지나는 산맥의 아름다움에 취하기도 한다. 아틀라스 산맥을 넘어 사하라 사막에 도달하면 힘든 여행자에게 모로코여행의 맛이 극대화된다.

아틀라스는 아프리카와 북 아프리카를 동서로 가로지르는 곳에 셀 수 없이 많은 봉우리들의 독특하고 장엄한 장관을 이루고 있는 이곳을 넘어가면 사하라 사막이 펼쳐진다. 사하라 사막을 방문하는 여행객들은 소설 어린왕자에서만 생각하던 신비로운 풍경을 경험한다.
낙타를 타고 조금 걸으면 붉은 사막이 기다리고 있다. 세계에서 가장 넓은 사막으로 알려진 사하라 사막, 사방으로 끝없이 이어진 사막의 풍경이 장관이다. 뜨거운 사막을 걸어가는 사람들의 모습이 신기루처럼 보인다. 붉은 사막 속에 있는 모래

들이 점점 더 붉어진다.

말로만 듣던 사막에 실제 와서 느끼는 경외감은 자연이 얼마가 거대하고 나를 작아지게 만드는지 알게 해준다. 붉은 모래와 기이한 사막의 풍경들이 탄성을 자아내게 한다. 바람이 만든 사막의 무늬가 마치 물결처럼 보인다. 사막을 찾은 여행자들은 자연이 만든 완벽한 촬영장을 배경으로 영화의 주인공이 되기도 한다. 어디를 봐도 한폭의 그림이다.

어느덧 해가 지고 사막에서 시간을 보내다 보면 한낮의 뜨거움을 식히고 있는 사막의 풍경은 나의 마음을 차분히 가라앉게 만든다. 사막의 일몰풍경을 보고 나서 마시는 한잔의 차가 나를 되돌아보게 한다. 저녁 무렵 사막에서 듣는 베르베르인들의 연주는 묘한 여운을 남긴다. 이곳에서 머무는 여행객들은 현대 문명에서 벗어난 자유로움을 느낀다.

이 광활한 사막의 한가운데서 뜻밖의 즐거움을 찾을 수도 있다. 사막에서의 보드타기는 색다른 경험이자, 짜릿한 재미이다. 순식간에 언덕 아래까지 내려간다. 보드를 타기에 더없이 좋은 장소지만 올라오기까지는 만만치 않다. 돌아가면 후회할 것이 뻔하기에 타지 않겠다던 관광객들도 모두 한 번씩 타보게 된다. 낯선 여행자들도 사막에 있다는 사실만으로 금방 친해진다.

밤하늘의 쏟아지는 별과 별똥별, 달과 함께 하는 사막의 밤은 황홀하다. 밤하늘의 흩뿌려진 수많은 별들이 내 눈 안에 그대로 들어온다. 지구 안의 외딴 별, 어쩌면 태초의 모습이 이렇지 않았을까 하는 생각을 해본다. 사막에 있는 사람만이 느낄 수 있는 별을 보는 각자의 감정들이 사막에서 대미를 장식한다.

가도 가도 바위만 보이는 메마른 풍경의 끝자락에 있는 아틀라스 산맥과 끝을 넘어서면 보이는 사하라사막에서 가장 기억에 남는 모로코여행의 즐거움이 있다. 황량한 사막과 아틀라스 산맥의 기암괴석들은 지구가 아닌 어느 혹성에 와있는 듯한 느낌을 준다.

세계 최대의 사하라 사막은 나에게?

여행자들이 모로코를 찾는 이유 중 가장 중요한 이유 중에 하나는 사하라 사막을 보기 위해서이다. 여행자들은 모로코의 메르주가에서 1박 2일이나 2박 3일짜리 투어를 참가한다. 10여 명의 여행자를 모아 함께 낙타에 올라 깊숙한 사막으로 들어

간다. 낙타 사파리는 1시간 30분~2시간 정도 걸리는데 사막을 들어갈 때 한 번, 나올 때 한 번 탄다. 낙타가 사구를 하나둘 넘어갈수록 사하라는 제 속살을 유감없이 보여준다.

모래언덕이 끝없이 펼쳐지고, 어느 순간 방향 감각도 사라진다. 낙타 사파리의 하이라이트는 사하라의 노을과 마주하는 순간. 해가 지면 하늘은 황금색에서 짙은 황색으로 변하고 다시 다홍색으로 바뀌는 놀라운 스카이 쇼를 선보인다. 화덕에 구운 베르베르식 피자와 육즙이 듬뿍 밴 양고기가 나오는 사하라의 만찬도 일품. 식사가 끝나면 베르베르인들의 기묘한 연주와 함께 밤늦도록 춤판이 벌어진다.

사막의 은하수

맛있게 먹고 열심히 춤을 추며 행복에 젖어 잠자리를 청한다. 사막의 밤은 춥다. 그래서 가이드는 도착하자마자 장작을 피우고 모래를 섞어서 바닥에 골고루 뿌린 후에, 카펫을 깔고 다시 그 위에 침낭을 덮고 잠을 잔다. 잠을 자기 위해 침낭을 덮고 누우면 하늘은 별천지이다. 다들 자신이 태어나서 볼 수 있는 별은 다 본 것 같다고 말한다. 주위의 정적에 불빛 하나도 보이지 않는다. 이것이 여행자의 감동을 만드는 포인트이다.

눈을 감고 잠을 청하면 작은 동물들의 소리가 들린다. 그 소리에 문득 잠에서 깨어나 눈을 뜨면 은하수가 쏟아질 듯 늘어서 있다. 추워서 잠들지 못하고 덜덜 떨면서 별을 보는 재미에 빠져든다. 한밤중이 되면 은하수와 별똥별이 선사하는 환상적인 밤하늘이 선물처럼 펼쳐진다. 삼각대를 준비하면 멋진 인생 사진을 건질 수 있다.

"사막에서는 그 어떤 것도 실망할 수 없다. 실망은 자신에게만 할 수 있다"

베르베르인들의 속담에는 "사막에서는 그 어떤 것도 실망할 수 없다. 실망은 자신에게만 할 수 있다"는 속담이 있다. 우리가 누리는 편리한 도시의 문명이 얼마나 소중한지 느끼게 된다. 물 쓰듯 쓰는 물은 당연한 것이 아니라는 사실을 알게 된다. 잠자리에서 별을 볼 수 있는 것이 얼마나 특별한 일인지, 아침이면 밤새 지나쳐 간 동물과 곤충의 발자국을 발견하는 것도 또 다른 즐거움이다. 이곳에 오지 않았다면 분명 깨닫지 못했을 사실인 것이다.

세계에서 가장 넓은 사막으로 알려진 사하라 사막, 사방으로 끝없이 이어진 사막의 풍경이 장관이다. 뜨거운 사막을 걸어가는 사람들의 모습이 신기루처럼 보인다. 붉은 사막 속에 있는 모래들이 점점 더 붉어진다. 말로만 듣던 사막에 실제 와서 느끼는 경외감은 자연이 얼마가 거대하고 나를 작아지게 만드는지 알게 해준다. 붉은 모래와 기이한 사막의 풍경들이 탄성을 자아내게 한다. 바람이 만든 사막의 무늬가 마치 물결처럼 보인다. 사막을 찾은 여행자들은 자연이 만든 완벽한 촬영장을 배경으로 영화의 주인공이 되기도 한다. 어디를 봐도 한 폭의 그림이다.

아침이 되어 일어나면 모두 퉁퉁 부은 얼굴을 보여준다. 잠자리가 불편하지만 누구도 불평하지 않는다. 오히려 새로운 에너지로 새로운 일상을 시작할 수 있다. 떠나본 사람만 느낄 수 있는 소중함과 특별함이 사하라 사막투어에는 존재한다.
사막은 아무것도 살지 않는 버려진 땅, 죽음의 땅이라고 배우지만 막상 사막에 오니 다 버리고 내 몸으로만 느끼고 외부와 고립된 공간에서 나는 다시 나를 느끼게 된다. 사막에서는 휴대폰도 안 되고 물도 없다.

나만의 시간을 가진 유일한 시간. 밤하늘에 쏟아질 것 같은 무수히 먼 시간과만 대화를 나눌 수 있다. 자신만을 위한 시간을 가질 수 있는 기회가 나에게는 없었다. 그러니 나를 알 수가 없었다. 아무것도 살지 않는다는 사막에서야 자신을 찾아보

는 시간을 가졌다. 사람은 마음먹기에 따라 달라 보인다는 이야기를 들은 적이 있는데 죽음의 공간에서 자신을 찾을 수 있다니 참 아이러니하다.
단 한 번의 경험으로 놀라운 변화를 이끌 수 있다.

생각들이 발전한다. 나에게 이렇게 오랜 시간 물어본 적이 있었던가? 현대의 인간은 아흔 살을 넘도록 길게 살아야한다. 그런데 자신에 대해 생각하는 시간은 길지 않다. 오히려 더 짧아진 것은 아닐까? 모두 여행을 하지만 여행에 대한 생각은 각자가 다 다르다. 각자가 여행의 끝에서 각자의 길을 찾기를 바란다. 마음의 고민을 내려놓을 수 있는 마음을 열 수 있는 장소가 필요하다.

인생의 감당할 수 없는 고통과 마주하고 있다면 세상에 분노하지 말자. 나는 분노했다. 왜 나는 열심히 살았는데 감당할 수 없는 고통에 닥친 것일까? 인생이 늘 꽃길이기를 바라지도 않는다. 평범하게 살기를 바란다. 그런데 그것은 거짓말이었나 보다.

여행은 어쩌면 지루한 일상일지도 모른다. 지루한 일상이 나에게 깨달음을 줄지도 모르니, 중요한 것은 여행의 끝에 있으니 새로운 일상에 뛰어들 수 있을지도 모른다.

여행에는 과거와의 여행도 있고 미래와의 여행도 있다. 여행은 잃어버린 좌표를 찾아 새롭게 나설 수 있는 다짐을 해보게 해준다.

절망의 끝에 선 나, 끊임없이 질문을 던진다?

다시 한 번 말하지만 한 번의 경험으로도 놀라운 변화를 이끌 수 있다.

My Story

나는 감당할 수 없는 욕심을 가지고 사업을 시작했던 시기가 있었다. 그래서 감당할 수 없는 고통을 얻었을지도 모르겠다. 고통은 욕심을 내려놓고 인생을 바라보게 해주었다. 인간은 사회적 동물인데 나는 나만의 욕심을 위해 살아왔다. 다른 이들은 관심도 없이 고독한 존재로 살았던 것이다.

인생과의 거리두기
distancing oneself from life

JEJU Island

관광과 여행의 차이

코로나 바이러스로 해외로의 여행이 힘들어지면서 많은 사람들이 제주에 여행을 온다. 마치 경쟁적이라는 생각이 들 정도로 여행을 온다. 그런데 혹시 사람들이 '빈 깡통' 여행을 하는 것은 아닌지 걱정도 되었지만 이내 '너나 잘 해!'라는 자기반성으로 생각을 끝맺었다.

여행을 하면서 사람들을 많이 만났다. 만나면 이야기하면서 각자의 여행 보따리를 풀었다. 그런데 많은 사람들이 '맛집'이야기, '관광명소'에 대한 리뷰, '쇼핑목록'얘기 등등 그런 것들이 다였다. 여행을 하면서 만나는 에피소드나 '사람'이야기를 하고 싶었고 그들과도 새로운 추억을 만들고 싶었다. 그런데 아니었다. 그냥 저녁 한 끼 먹는, 정보 공유하는 그 이상, 그 이하도 이야기는 소통이 되지 않았다.

심지어 테마 여행이 유행이라고, 아직 시작도 않은 시간에 의미를 부여했다. '나는 무슨 테마로 여행하는 게 좋을까?'라고 질문을 한 적이 있기는 했다. 그러나 여행을 하면서 결국에는 그 질문에 답을 못하고 나는 테마여행을 못 하는 것일까? 라고 나 자신을 위로했던 기억이 난다.

아늑한 제주도

제주도를 여행한다면 나는 겨울을 선호한다. 북적이지 않고 눈 내리는 한라산의 풍경이 너무 아름답기 때문이다. 그래서 눈이 온다고 하면 제주로 떠나볼까? 라고 나에게 물어보기도 한다. 눈이 오면 1100도로를 타고 이동한다. 중간에 차를 세우고 눈을 맞으면서 사색에 잠기고 멍하니 눈 오는 풍경을 바라볼 때도 많다. 눈 오는 소로 길을 걸으면서 한참을 멍 때리면 정신이 맑아진다. 눈을 밟으면 나는 뿌득뿌득하는 소리는 동심으로 돌아가는 소리처럼 느껴진다.

차를 타고 이동하면 많은 사람들이 길가에 차를 세우고 자녀들과 함께 언덕으로 올라가 썰매를 타는 풍경도 인상적이다. 차를 타고 가다가 조랑말을 보면 조랑말에게 다가가 손을 내밀고 쓰다듬기도 하고 풀을 뜯어 말에게 먹이기도 하는 장면도 자주 보게 된다.

나는 제주도에 오래 있어봤지만 제주도의 도로를 기억하지 못한다. 그러나 1100고지와 1100도로는 눈 쌓인 풍경을 보기 위해 자연스럽게 기억하고 있는 곳이다. 눈이 오더라도 영하의 날씨가 거의 없는 제주는 다음날 쌓인 눈이 녹아 눈 쌓인 풍경을 시내에서는 보기 힘들다. 그러므로 더욱 사람들은 한라산 가까이 다가가 눈 구경을 하러 모인다. 이때 사람들이 사용하는 도로가 1100도로이다.

한라산 아래 해발 1100m에 위치한 이곳을 가기 위해 만들어진 도로는 제주도의 눈이 오거나 눈 쌓인 풍경을 보기 위해 이용하는 도로이다. 온통 눈으로 덮이는 도로에서 위험해 더 올라가지 못하고 내려오는 안타까운 장면을 연출하기도 한다.

황소의 내면

이중섭 '황소'를 처음 본 것은 중학교 1학년 미술 교과서에서였다. 시험에 나온다는 선생님의 한마디에 나는 이중섭의 황소를 역동적인 소를 표현했다고 외웠다. 그러나 조그만 그림으로 표시된 소의 모습은 앞으로 나아가려고 하는 모습

에 갈비뼈를 주로 표시한 모습은 역동적인 지 알지 못했다. 오히려 이렇게 그림을 그려도 되는 지 선생님께 묻고 싶은 마음이었다.

세월이 지나 나는 나이를 먹고 성인이 되었고 이제는 늙을까봐 걱정되는 나이가 되었다. 그런데도 나는 무엇을 이루어놓았는지 한심할 때가 많고 집 한 채 없는 자신에게 위로해 줄 마음조차 쉽게 허락되지 못했다.

그럴 때 이중섭에 대한 다큐멘터리를 보게 되었고 돈이 없는 가난한 화가이자 한 집의 가장이기도 한 이중섭이 내면을 표현한 것이 '황소'라는 사실을 알게 되었다. 여기에 교과서에서 본 그림은 '흰소'라는 것과 황소는 교과서의 그림보다 더 격렬하게 달려드는 소의 모습이라는 것에 놀랐다. 자신이 무기력하고 그 무기력에 화가 날 법도 한데 어떻게 내면을 표현할 수 있을까?라는 의문이었다.

제주도에서 살던 시절 이중섭은 은지에 그림을 그리게 되었다. 종이를 살 수 없던 이중섭의 궁핍한 생활은 화가로서 표현하고 싶지만 그림을 그리는 것조차 힘든 현실에도 그리는 작가에 대한 안타까움과 연민이었다. 그런데도 '은지화'에 그린 그림은 걸작이었다. 어디에 그려도 실력은 배신을 하지 않는다는 사실에 더욱 놀랐다.

은지화에 그린 그림을 이중섭 미술관에서 보고 나는 아이들의 천진난만한 표정에 더욱 빠져들었다. 내가 힘들 때마다 힘들어도 웃으면서 살고 싶을 때, 마음이 울적할 때 나는 이중섭 미술관을 찾게 된다. 그럴 때마다 이중섭을 생각한다. 그는 어떤 생각을 했을까? 절망에서 희망을 보았을까? 아니면 절망을 표현했을까?

그에게 나는 내면을 표현하는 법을 배웠다.

나는 작가이니 글로 내면을 표현한다.
울적할 때 찾으면서 나는 위로 받는다.

위에서 본 세상

내가 제주도에서 가장 좋아하는 것은 무엇일까?

커피를 마시면서 친구와 이야기하거나 홀로 카페에서 커피를 마시며 풍경에 빠지는 것이다. 그리고 2번째가 옥상이나 산 중턱, 산꼭대기, 오름에 올라 세상을 보는 것이다. 마지막은 거친 바람에 휩쓸려 다니면서 풍경 보기이다.

나이가 들어가면서 친구들과 더 많은 이야기를 나누고 싶을 때가 있다. 그렇지만 현실은 같이 여행을 갈 친구가 많지 않다는 사실이다. 다들 먹고 살기 바쁘고 결혼을 하면 친구와 같이 여행하는 것은 더욱 힘들다. 시간이 갈수록 카페에서 혼자 커피를 마시면서 생각하는 시간이 더욱 많아진다.

마음이 울적하거나 기분이 한동안 나아지지 않을 때 이중섭 미술관 옥상으로 올라가 서귀포 시를 보고, 한라산 중턱에서 시내를 내려다본다. 풍경을 볼 때는 나 혼자 보는 것이 마음이 정리가 잘된다. 가끔 누군가와 함께 이야기 거리를 나누면서 풍경을 볼 때도 좋긴 하지만 많지는 않다. 그렇지만 호텔 꼭대기에서 풍경을 보는 것은 그리 마음의 정리가 잘되거나 위로를 받지는 못한다. 왜 그런지는 나도 모르겠다.

거친 바람을 맞으면서 풍경을 보기에 가장 좋은 장소는 오름에 오르는 것이다. 1시간도 안 되는 시간이지만 사방이 뚫린 우뚝 솟아오른 오름에서 바람에 흔들리는 갈대를 맞기도 하고 소리도 들으면서 나는 올라간다. 꼭대기까지 올라가면 겨울에도 땀이 나고 헐떡이기도 하지만 내려다보는 풍경을 정말 아름답다. 특히 해지기 시작하는 바다의 일몰을 볼 때면 기분이 좋아진다.

위의 3가지를 모두 할 수 있는 곳은 대한민국에서 제주도밖에는 없다. 그래서 오랜 시간 제주에서 지낼 수 있고, 항상 찾을 수 있는 것에 감사하다.

일몰 헌터

예전에 제주도에서 한참 박물관, 미술관, 카페, 오름 등을 찾아다니면서 하루 종일 여행할 때였다. 먹는 시간을 빼고는 자동차로 관광명소를 보고 둘러보았다. 그러다가 오설록 티 뮤지엄에서 차를 마시면서 친구와 옛 이야기로 꽃을 피우고 있었다. 그러다가 친구가 마감 시간이 다 되었다며 항공 박물관을 가자고 일어설 때였다.

굳이 시간에 쫓기면서 가야할까?

여행도 바쁘게 보면서 다녀야할까?

친구는 그래도 왔으니까, 근처에 있으니까 가자는 것이었다. 자동차 박물관으로 이동하는 거리는 짧았지만 마감 30분 전에 입장을 해야 한다고 입장을 할수 없었다. 차라리 차를 마시면서 더 이야기를 나누면 좋았을 것을 이것저것 보겠다는 생각에 이동했지만 보지도 못하고 피곤만 몰려올 뿐이었다.

산길을 따라가는 시간에 해가 질려고 했다. 그 풍경이 너무 따뜻하여 우리는 차를 옆에 세우고 해가 내려갈 때까지 보았다. 그때 서로 담소를 나누고 차에 놓았던 커피를 마시면서 '자연 카페'에서 하루를 마무리했다.

그 이후로 나는 제주도에서 해가 질 때는 일몰이 아름다운 곳을 찾아 나섰다.

한 달 살기를 할 때도 마찬가지이다. 한 달 살기를 하다보면 때로는 지루하고, 마음이 편하지 않을 때도 있다. 사람의 마음은 어디에서든 항상 좋을 수만은 없기 때문에, 그럴 때는 어김없이 일몰을 감상하기 위해 자동차를 타거나 직접 걸어서 해지는 풍경을 바라본다.
옆에 커피 한 잔이 있으면 더욱 좋고, 따뜻한 말 한마디를 건넬 수 있는 누군가가 옆에 있으면 더더욱 좋다. 그렇지만 홀로 생각을 하면서 오래 감상할 수 있는 나만의 카페에서 보는 것도 좋을 것이다.

그렇게 나의 제주도 하루는 간다. 따뜻한 해가 나를 감싸면서

스타 헌터

제주를 여행하다 보면 의외로 유명 관광지를 제외하면 일상에서 낮에는 조용한 마을을 보고 "왜 이렇게 사람들이 없지?"라고 의아할 때가 있다. 그런데 저녁이 되면 사람들이 보이기 시작한다. 식당과 카페에서 식사를 하고 간단한 술자리나 카페에서 담소를 나눈다.

매일 만나는 사람들이 또 만나 대화를 나누고 있으면 음악이 흘러나오고 사람들은 음악에 따라 감정에 휩싸인다. 어떨 때는 사람들이 모두 카페의 음악에 따라 흐느낄 때도 있다. 아주 가끔은 음악으로 하나가 되어 흥겹게 하루를 마무리할 때도 있다. 토요일에는 한적한 마을에도 주말을 즐기기 위해 나온 사람들에게 나는 속으로 "밤의 좀비들"이라고 혼잣말을 할 때도 있었다.

그러나 내가 밤의 좀비가 되었던 이유는 한적한 한라산 중턱에 숙소를 잡고 나무에 둘러싸여 걸어 다니다가 저녁을 먹고 잠시 쉬거나 잠을 청했다. 10시가 넘어 다들 잠자리에 들려고 할 때 나는 차를 이끌고 빛이 사라진 장소를 찾아다녔다.

오로라를 볼 수 있는 북유럽이나 아이슬란드, 캐나다 등은 오로라를 보기 위해 낮에는 잠을 자거나 쉬었다가 오로라 예보를 통해 오로라를 볼 수 있으면 빛이

없는 곳에서 오로라를 더욱 잘 보기 위해 찾아나서는 이들을 '오로라 헌터'라고 부른다. 그렇다면 별이 더 잘 보이는 장소를 찾아다니는 "스타 헌터"이자 좀비처럼 밤에 기어 나와 활개를 치는 이가 나였다.

별을 보고 있으면 도시에서 찾을 수 없는 별을 보는 것은 물론이고 반짝 반짝 빛나는 수많은 별들 속에서 나는 인간이라는 생명체가 지구라는 곳에서도 제주에서 별을 바라보는 미세한 먼지처럼 하찮은 존재였다. 그 존재가 조금이나마 별이 잘 보이는 곳을 찾아보고 내려왔다.

나에게 별을 보는 행동은 제주에서 일상의 활력소이고 나와 대화를 나누는 대화창구이며, 정체성을 찾으며 나를 찾으려 애쓴 흔적 이었다. 그래서 제주에서 별은 오래된 나무들과 같이 보아야 했다.

나무들이 만드는 음악들도 인간이 연주하는 것이 아닌 나무의 연주였다. 나무들이 나에게만 들려주는 소리에 별들을 보면 마음은 안정이 되고 별이 나에게 쏟아져 내려오는 장관에 나는 감동을 받았다.

이제는 별을 보는 것이 힘든 세상이 되었다. 에디슨이 전기를 개발한 이후 인간은 어둠이 내려오는 밤에도 활동을 할 수 있게 되었다. 빛의 홍수에 지치게 되었다. 그래서 가끔은 빛이 사라져 나를 찾을 수 있는 곳이 귀하게 된다. 그 귀한 장소를 찾아다니면서 나는 매일 밤 감동의 별 물결을 온 몸으로 받았다.

바람의 노래

섬인 제주도는 바람이 많이 분다. 어느 계절이건 바람이 많이 불어서 바람 때문에 제주도의 특징이라고 하는 '삼다도'에 바람이 포함되어 있을 것이다. 사람마다 바람을 싫다고 하는 사람들도 있을 것이다. 나도 바람이 많이 분다고는 알고 있었지 제주도의 큰 부분을 차지한다고 생각하지 않았다.

제주도를 방문하면 할수록 점차 바람이 심하다는 사실을 몸소 체험하였고, 자동차를 운전하고 갈 때 심한 바람이 불어 자동차가 흔들릴 때는 위험하다고 느

껐다. 특히 겨울에는 바람이 심하게 불기 때문에 자동차문을 열 때 문을 잡고 열어야 할 때도 있었다.

한 달 살기로 오래 한 곳에 머물면서 바람의 소리가 매일 바뀐다는 것을 알게 되었다. 강풍이 불면 위협을 느끼게 되어 마치 강도 같기도 했고, 따뜻한 햇살이 내리쬘 때 바람이 불면 엄마의 손길 같기도 했다.

가끔 우울해지거나 기분이 좋지 않을 때 오름에 올라가면서 갈대를 스치면서 부는 바람은 마치 노래를 하는 것 같았다. 수목림을 거닐면 나무가 나를 보호해 주면서 나쁜 바람을 방패처럼 막아주기도 하는 것처럼 느꼈다.

제주도에서 오래 머물면서 알게 된 가장 큰 수확 중 하나가 바람이 노래를 부를 수 있다는 사실이었다. 바람도 다양해 발라드부터 댄스까지 다양하게 나의 주위를 돌고 있었다.

때로는 내가 원하는 노래를 불러주지 않아 안타깝기도 했지만
나를 위로해주는 바람의 노래를 들을 때는

눈물이 갑자기 주르르~~~~

상처

나에게 사업의 실패로 인해 극복하는 과정은 쉬운 것이 아니었다. 돈이 없다는
이유로 아무 것도 할 수 없는 시간에서 나는 이 상황을 감내하고 결과를 만들어
야 새롭게 나를 만들어야 하는 과정이었다. 모든 것을 새롭게 생각하고 나를 다
시 태어나도록 만들고 계속 새로운 결과를 조금씩 만들어서 큰 결과를 만들어
야 했다. 결국 나는 여행과 출판을 선택해 극복하면서 생각하고 극복한 모습을
만들어 냈다.

5년이 지났지만 그 흔적이 아직도 남아 있다는 사실에 놀라고 깊은 마음의 상처가 그들의 가슴 속에 남아 있어 안타깝기도 하다. 실패라는 상처의 흔적은 당사자인 내가 인정하고 극복하는 과정이 필요하다. 그 속에서 살고 있는 내가 고통 속에서 몸부림치겠지만 어쩔 수 없이 당사자의 몫일 것이다.

그래서 나에게 아름다운 경치를 보는 시간은 중요하다. 자신에게 실망도 하고 다른 이들에게 실망하지만 다시 새로운 '일신'을 만들어야 했기 때문이다. 그런데 아름다운 풍경을 보다보니 내 가슴에는 긍정의 마음이 지속적으로 만들어졌다. 나쁜 마음이 들어와도 아름답고 황홀한 경치에 나는 긍정으로 다시 마음을 잡고 새로운 일을 할 수 있었고 세상은 아름답다고 생각할 수 있었다.

마음속의 상처는 남았지만 상처를 계속 덮어주면서 긍정의 생각들이 나를 감싸게 만드는 방법은 아름다운 풍경을 보는 것이다. 그래서 나에게 제주에서의 생활을 중요하다.

어디에서든 감동하는 하루를 마무리할 수 있으므로

진짜 위대한 사람

가난하지만, 심성이 착한 한 청년은 신문을 볼 때마다 답답하고 슬프고 우울했다. 뉴스에는 사람들이 고통 받는 이야기가 가득했고, 힘과 권력을 가졌지만 부패한 사람들의 행적이 끊이지 않았다. 청년은 세상을 위해 좋은 일을 하고 싶었다. 자신에게 힘과 권력과 지혜가 있다면, 세상을 위한 더 의미 있는 일을 찾아 해내고 싶었다.

하지만 배움도 짧고 가난한 청년은 세상을 위한 일을 어떻게 시작할지조차 몰라, 영국의 철학자인 토머스 칼라일에게 찾아가 조언을 청했다.

"저는 지금보다 더 의미 있는 일을 하고 싶습니다. 그리고 절대로 제 욕심 때문이 아닙니다.
단지 세상을 위해 더 좋은 일을 하고 싶은 것입니다. 하지만 저는 단순한 일용직 노동자입니다. 제가 지금 하는 일은 아무런 의미도 없고 세상을 위하는 일도 아닌데 제 꿈을 이루기 위해서 저는 어떻게 살아야 할까요?"

토머스 칼라일은 흐뭇한 미소를 지으며 청년에게 따뜻하게 대답했다.

"지금 당신이 하고 있는 일은 당신이 해야만 하는 중요한 일입니다. 집을 청소하는 단순한 일이라도 그 일에 책임감을 느끼고 할 수 있는 사람이, 다른 어떤 일이라도 잘 해낼 수 있다는 것을 잊지 말기 바랍니다."

토머스 칼라일은 다시 청년에게 강한 어조로 말했다.

"지금 하는 일이 별것 아니라는 생각을 버리고 그 일에 최선을 다하고 책임을 다하면 그 일이 얼마나 많은 사람을 변화시킬 수 있는 귀한 일인지 분명히 알게 될 것입니다. 그런 사람이 위대한 사람입니다."

세상에 어떤 일에도 하찮은 것은 없다. 왜냐하면 그 작고 쉽게 보이는 일도 하나하나가 뭉치고 뭉쳐서 만들어 낸 것이 바로 이 세상이기 때문이다. 오늘 열심히 산 당신이 있기에 세상은 지탱되고 있다.

겉모습보다는 내실을 다지자.

갑자기 발전한 한 산골 마을이 혼란에 빠졌다. 갑작스럽게 주어진 물질적인 풍요로움을 어디에 어떻게 써야 할지 잘 몰랐기 때문이다. 결국 사람들은 뭔지도 모르는 물건들을 하나둘 사기 시작했다. 세탁기를 사고, 오디오를 샀다. 그리고 냉장고를 사고, 자동차를 사는 사람들도 있었다.

그런데 그 마을의 한 사람은 세탁기, 오디오, 냉장고, 자동차를 모두 샀다. 그 사람은 자신이 가지지 못한 것을 다른 사람이 가지고 있는 것을 참고 넘어가지 못했다. 그래서 이웃 사람들이 어떤 것을 살 때마다 본인도 그것을 사려고 했다.

어느 날 그는 이웃집에서 지붕에 둥근 접시 같은 것을 설치하는 것을 보고 그것이 무엇인지 물었다. 이웃집이 설치하던 것은 텔레비전으로 위성방송을 보기 위한 위성안테나였다.

그것을 알게 된 그는 큰 충격을 받았다. 당장 이웃 사람처럼 텔레비전을 사고 싶은 욕구가 치밀어 올랐다. 하지만 그동안 다른 걸 사느라고 돈을 다 지출해서 텔레비전과 위성방송 수신료를 지불할 돈이 더 이상 없었다.
시간이 지나자 위성안테나를 설치한 집들이 하나둘 계속 늘어나고 있었다. 마을 여기저기 보이는 안테나들을 보는 그는 자신만 텔레비전이 없다는 강박관념에 빠져 괴로워했다. 참다못한 그는 결국 위성 안테나만 사서 자신의 집 지붕 위에 설치했다. 텔레비전도 없고 위성방송 수신도 없었지만 그의 마음은 한결 편안해졌다.

왜냐하면 다른 사람들이 그의 집 지붕 위에 안테나를 보고 그가 텔레비전을 갖고 있는 것으로 생각할 것이기 때문이다.

경제적 능력이 부족한데도 빚을 지고, 비싼 이자를 지불하며 할부로 고급 차나 명품을 사는 사람들이 많아졌다. 그런데 화려한 겉모습에 혹해서 그렇게 고급 차를 덜컥 산 사람들은, 그 차를 1년도 몰아보지도 못하고 빚에 쫓겨 압류당하고 남은 빚을 갚는 경우가 많다는 통계가 있다.

훌륭한 성벽은 황금과 보석으로 치장한 것이 아니라 잘 다져진 기초 위에 단단히 쌓인 벽돌로 만든 성벽이 훌륭한 것이다.

최고의 명예

영국 귀족 자제들이 주로 가는 영국 최고 명문사학 중 하나인 이튼칼리지 출신 중에서 제 1차 세계 대전에서는 5,619명이 참전해 1,157명이 전사했고, 제2차 세계 대전에서는 4,690명이 참전해서 748명이 전사했다고 한다.

영국 엘리자베스 여왕은 1차 세계대전 중 고작 15세의 나이에 차량 정비 장교 보직을 맡았었고, 여왕의 차남 앤드류 왕자는 포클랜드 전쟁에 전투기 조종사로 참전했다.

우리도 삼국 시대, 신라의 귀족 자제로 이루어진 화랑은 전쟁터에서 항상 가장 위험한 곳에서 목숨을 걸고 싸워야 했다. 김유신의 아들 김원술은 당나라와의 전투에서 패배했을 때 죽음을 각오하고 마지막 전투에 뛰어들려는 것을 부하 장수들이 김원술의 말고삐를 잡고 퇴각하여 살아 돌아올 수 있었다. 하지만 아버지 김유신은 병사들의 죽음을 뒤로하고 살아 돌아온 아들을 용서하지 않았

다고 한다.

대한민국에서 존경받는 독립운동가 김구 선생님의 차남 김신 전 공군참모총장을 비롯하여, 손자 김양 전 공군 보훈처장과, 공군 장교로 임관한 증손자 김용만 씨 까지, 김구 선생님의 후손은 3대에 걸쳐서 공군 장교로 임관하면서 나라와 국민을 위해 일했다.

이들은 왜 더 어렵고 힘든 일을 택했을까?
그것은 자신만을 위해 부와 명예를 사용하는 것이 얼마나 무의미한 것인지를 너무도 잘 알았기에 자신의 욕망보다 주어진 명예와 헌신을 더욱 소중하게 여겼기 때문이다.

어려운 사람들을 위해 끝없이 베풀면서도 만석꾼의 집안을 지켜온 부자들의 귀감이라 불리는 경주 교동 최 부잣집. 서울대학교 의과대학의 전신인 경성 의학전문학교를 마치고 일본 나고야대학에서 의학사 학위를 받은 엘리트였지만 평생 아프고 힘든 환자들을 위해 살다 간 장기려 박사. 독립운동가로 일하고 나라를 위한 사업가로 살다가 당시 407억 원, 지금으로 따지면 6천억 원이 넘는 재산을 사회에 환원한 유일한 회장.

이렇게 자신의 명예를 지킬 줄 아는 위인들의 모습을 통해 이 세상이 바르게 흘러갈 수 있다.

시련은 인생을 아름답게 한다.

형의 갑작스러운 죽음으로 왕위를 이어받게 된 영국의 왕 조지 5세. 그에게 왕의 자리는 많은 시련과 어려움을 가져다주었다. 조지 왕은 막중한 책임감과 긴장감에서 오는 불안으로 날마다 힘들어했다.

그러던 어느 날, 평소 도자기에 관심이 많았던 그는 작은 도시에 있는 한 도자기 전시장을 방문하게 되었다. 모처럼 편안한 마음으로 도자기 작품을 관람했다. 도자기의 아름다움에 크게 감탄하던 조지 왕은 두 개의 꽃병만 특별하게 전시된 곳에서 발걸음을 멈추었다.

두 개의 꽃병은 같은 원료와 타일을 사용하였고, 무늬까지 똑같은 꽃병이었다. 하지만, 하나는 윤기가 흐르고 생동감이 넘쳤는데 다른 하나는 전체적으로 투박하고 볼품없는 모양을 하고 있었다.

이상하게 여긴 조지 왕이 관리인에게 물었다.

"어째서 같은 듯 같지 않은 두 개의 꽃병을

나란히 둔 것이오?”

그러자 관리인이 대답했습니다.

“이유는 간단합니다. 하나는 불에 구워졌고,
다른 하나는 구워지지 않은 것입니다.
우리 인생도 이와 같아서 고난과 시련은 우리 인생을
윤기 있게 하고 생동감 있게 하며 무엇보다
아름답게 한다는 것을 보여주기 위해서
특별히 전시해놓은 것입니다.”

고난과 시련은 우리를 힘들게 하지만,
내면을 더욱더 단단하게 하고, 아름답게 만듭니다.

그러니 너무 두려워하지 마세요.
당신에게 다가온 어려움은 인생을 윤기 있고,
생동감 있게 만들 것입니다.

여유로운 특권

알람소리가 아닌 새들이 지저귀는 소리에 눈을 떠서 맞는 새로운 아침. 한 달을 살아가기에, 모든 일이 바라는 대로만 흘러가는 날들은 아니더라도 나에게는 이런 작은 아침의 여유로운 특권이 기분을 충만하게 해주고 있다.

곧이어 침대에서 암막커튼을 걷고, 창문을 여니 많은 햇빛이 나의 침대에 쏟아진다. 일어나서 창문까지 걸어가는 것이 길고 멀게만 느껴져서 침대에서 우쭐 거렸던 시간들이 후회스럽게 만드는 나를 따뜻하게 반겨주는 햇빛이 비쳐온 다. 창문을 열고 하얀 얇은 천의 레이스 커튼만 치고 바람에 흔들리는 커튼을 한참 소파에 앉아서 바라보았다. 바람 때문에 구름의 움직임에 따라서 강해졌 다 사라졌다 하는 햇빛, 그리고 살랑 이는 레이스 커튼과 창문을 통해 들려오는 사람들의 깔깔거리는 소리가 나에게 오늘을 거뜬히 충만하게 시작하지 않으면 안 될 것만큼 생기를 불어주는 고마운 아침을 만들어주었다.

세수를 하고 음악을 따로 틀지 않아도 정겨운 이웃들의 아침을 시작하는 소리 를 창문으로 들으니 저절로 쾌활한 기분이 든다. 집골목 입구에 있는 커피전문 점으로 발걸음을 옮긴다. 최근에 나는 일상이 그대로 녹아있는 사람들이 지나 가는 모습을 즐기고 있다. 회사에 일을 나가는 사람들, 아이 엄마들, 부부들 모 두가 하루를 시작하고 혹은 젊은이들을 하루를 시원한 커피로 하루를 정리하 기도 하는 곳이 제주에서는 창 뒤에 앉아 커피를 마시는 장소이다.

제주도의 커피가격에 익숙해진 나에게 커피와 빵 가격은 이제 비싸게 느껴지 지는 않는다. 하지만 이런 기분은 아름다운 제주를 가고 나서 한 번씩 겪게 되 는 외지인들의 바가지를 느끼면서 와장창 깨지게 된다.

제주에서 살아가는 사람들의 일상을 어쩌면 내가 알 수는 없지만 이 장소들은 일생이 모두 녹아있다고 할 정도로 많은 시간을 보내는 공간인 것은 사실이다.

문을 열면, 그 이전 새벽부터 지하에서 빵을 만드는 제빵사들은 매우 바쁜 하루 를 시작할 것이다. 그렇게 해서 갓 만들어진 빵들을 가장 먼저 먹는 사람들은 일찍이 회사에 가는 사람들 몫이다. 시간이 없이 바쁜 사람들은 의자에 앉지 않

고 재빠르게 커피와 빵만 가지고 순식간에 먹던지, 그냥 들고 자리를 뜬다.
느긋하게 이곳에 들린 사람들은 빵과 커피로 아침식사를 하고 아마도 이른 퇴
직을 꿈꿀지도 모르겠다.
사람들의 일상은 그 어느 곳이라도 평범하고 평범하다. 물론 평범할 수 있기에
그 평범함이 특별하다고 할 수도 있겠지만. 한차례 일하는 사람들이 사라지는
시간대에 커피전문점에 오는 사람들이 여유를 즐긴다는 사실도 알게 되었다.

간혹 시끌벅적 사람들이 만드는 살아가는 이야기들과 커피 잔이 받침대에 엎
어지고 스푼이 얹어지는 소리들, 커피가루를 털어내는 소리, 그리고는 고소한
커피가 내려지는 향이 풍겨온다. 앉을 겨를도 없이 이곳 사람들은 안부를 묻고
지내 오던 이야기를 이어나간다. 그간 힘들었던 일을 자연스럽게 털어놓으면
모두가 진심으로 걱정을 함께 고민해주고 해결을 하려 노력하는 시간들이 이
어지는 모습을 보고 '정'도 느끼게 된다.

이제는 삶의 노련함이 그냥 웃음만 지어도 그 살아온 삶이 저절로 나에게 믿음을 주면 좋겠지만 진짜 다 괜찮아 질 것 같다고 생각하면서 믿게 되기도 한다.

삶을 살아갈수록 조금씩 내 삶을, 그리고 다른 이들의 삶을 관망하게 되고 그럴수록 '살아간다는 것 그 자체'는 매우 놀라운 것이다. 너무 가까이 내 손에 잡히는 사진들이 나와 함께 하는 출발의 날이기도 그들의 삶을 조금씩 알게 되는 시간이기도 하다.
나는 가끔 인생의 이야기를 들을 때에는 매우 묘한 기분이 든다. 사람이 살아간다는 것이 매우 길면서도 너무나 짧게 느껴지고. 가끔씩 들려주는 사람들의 이야기들, 행복했던 이야기들 그 모든 이야기들이 각자의 인생을 가득차고 있을 것이다.

생각해본다. 나는 지금 어디 즈음에 있지? 머리 아프게 생각했던, 큰 고민거리들이 그냥 작은 조각으로 보이기 시작한다. 어차피 지나갈 한 순간으로 여겨지기 시작한다. 그냥 여유롭게 어차피 지나가야할 어려운 강이라면 적어도 웃으면서 가보자라는 생각을 해보았다. 어차피 건널 것이라면 찌푸리나, 걱정하나, 웃으나 매한가지로 건너기만 하면 마는 것. 처음 만난 순간들을 이야기하고 살아온 이야기를 들으면서 나의 어려움을 위로 받고 싶기도 하다.

그냥 그럼에도 살아가는 것. "어차피 살아갈 것이라면 조금이라도 웃고 옆에 있는 사람과 이야기도 도란도란하며 의연하게 가고 싶다"라는 생각이 들었다. 이제 나는 웃음 짓는 얼굴이 훨씬 더 아름답다고 확실히 말할 수 있다. 그 여유로운 따뜻한 얼굴에서 그들이 좋은 삶을 만들어왔다는 것이 느껴지기 때문이다.

나이 때문에 포기하시겠습니까?

단돈 6달러를 가지고 폴란드에서 미국으로 건너온 29살의 청년은 열심히 노력한 덕에 부자가 되었고, 77세가 되는 해에 은퇴하여 조용한 삶을 보내고 있었다. 은퇴 후 줄곧 노인정에서 멍하니 지내던 그에게 한 봉사 요원이 그림을 그릴 것을 제안했고, 화실을 찾아 10주간 교육을 받았다.

여든한 살에 그림을 그리기 시작한 이 노인은 미국의 샤갈이라 불리는 '해리 리버만'이다. 뒤늦게 발견한 그의 재능은 대성공을 거두었다. 그는 백 한 살에 스물두 번째 개인전을 열어 세상을 놀라게 하고 103세가 되어 세상을 떠났다.

그때 나 스스로가 이젠 늙었다고, 뭔가를 시작하기엔 많이 늦었다고, 생각했던 것이 큰 잘못이었습니다. 나는 지금 정신이 또렷합니다. 앞으로 10년, 20년을 더 살지 모릅니다. 이제 나는 하고 싶었던 어학 공부를 시작하려 합니다.

그 이유는 단 한 가지....

10년 후 맞이하게 될 105번째 생일에 95살 때 왜 아무것도 시작하지 않았는지 후회하지 않기 위해서입니다.'

바빠서, 시간이 없어서, 나이가 많아서, 어떤 일을 시작하는 것이 엄두가 나지 않아서, 그리고 새로운 일을 시도할 흥미가 없어서, 이런저런 핑계는 앞으로 우리 인생에 찾아올 기회를 포기하는 것과 마찬가지이다.

저마다 인생의 도화지가 있다. 그리고 그 도화지가 얼마나 많이 남아있는지는 아무도 모르는 것이다. 누구나 성공적인 인생을 살기 원한다. 하지만 진정한 성공은 성공을 위해 끝까지 시도하는 용감한 사람들의 몫이다.

내 모습 그대로 사랑하자.

미국에 사는 미건 바너드Meagan Barnard는 평범한 소녀였다. 그런데 15세가 되자 자신이 뭔가 평범하지 않다는 것을 깨달았다. 사춘기에 접어들자 2차 성장이 나타나는 대신 오른쪽 다리가 비정상적으로 붓기 시작한 것이다. 병원에서는 발목이 삔 거라며 아스피린을 처방해 주는 게 다였다. 일주일이 지났지만, 증상은 나아지기는커녕 더 악화됐다.

검사 결과 미건은 체액 저류와 조직 팽창을 유발하는 만성 림프계 질환인 '림프부종'이라는 진단을 받았다. 반 친구들은 그런 그녀를 놀리기 시작했고, 미건은 극단적인 선택을 결심하기까지 했다. 훗날 미건은 그때를 회상하며 말했다.

"제 인생이 15살에 끝나는 것 같았어요."

그렇게 9년이 흘렀다. 어느 날 미건은 이전과는 완전 반대의 선택을 하게 된다. 감출 수밖에 없었던 오른쪽 다리를 오히려 당당히 드러내기로 한 것이다. 세상과 단절된 채 보냈던 지난 9년이라는 시간이 너무 아깝게 느껴졌기 때문이다. 감추고 싶던 다리를 세상에 당당히 드러내는 모델이 되기 위해 사진 촬영에 나섰고, 6개월을 사귀면서도 자신의 비밀을 드러내지 않은 남자 친구에게도 사실을 알렸다.

미건의 모습에 남자 친구가 놀라지 않은 건 아니지만, 자신을 신뢰할 만큼 편안해졌다는 사실에 오히려 행복했다. 그렇게 자신을 사랑하게 되자, 주변의 모든 것이 변했다. 모델이자 블로거로 활동하며 사람들의 관심과 사랑을 받게 된 것이다.

그녀의 용기 있는 선택이 림프부종 환자를 포함해 자신의 몸을 부끄러워하는 많은 이들에게 큰 희망을 주었다. 내가 무엇을 잘해서가 아니라, 내가 무엇을 잘하지 못해도 있는 그대로의 나를 사랑해보자. 나 자신을 진심으로 사랑한다면 다른 사람도 나를 존중하기 마련이다.

두 마리의 당나귀

한 남자가 두 마리의 당나귀의 등에 짐을 싣고 먼 길을 떠나고 있었다. 길은 언제나 다니는 길이었고 당나귀들이 등에 지고 있는 짐의 크기와 무게도 평소와 마찬가지여서 별문제 없이 가고 있었다. 그런데 언제나 이 정도 무게의 짐과 이 정도 거리의 길을 거뜬히 걸어가던 당나귀 중 한 마리가 금방 지쳐 헐떡거렸다.

지친 당나귀가 다른 당나귀에게 부탁했다.

"내가 오늘 무언가를 잘못 먹은 것 같아서 배가 아프고 너무 힘들어서 도저히 짐을 지고 걸을 수가 없을 것 같은데 내 짐을 조금만 덜어가 줄 수 없을까?"

사실 다른 당나귀는 아픈 당나귀의 짐을 모두 지고 갈 수 있을 만큼 건강했지만 좀 더 귀찮아지고 힘들어지는 것이 싫어서 거절했다. 결국 아픈 당나귀는 얼마 못 가서 눈에 띄게 휘청거리며 비틀거리기 시작했다. 그제야 당나귀 한 마리의 상태가 이상하다는 것을 깨달은 남자는 난감해하며 아픈 당나귀의 짐을 모두 풀었다.
그리고 풀어낸 짐의 일부는 자신이 짊어지고 남은 짐은 전부 건강한 당나귀의 등에 실어버렸다. 결국 아픈 친구의 부탁을 매몰차게 거절한 당나귀는 울상이 된 채 도착지까지 큰 고생을 하게 되었다.

누군가 힘겨워할 때 모른 척 넘어간다면 당신도 언제인가 힘겨워할 때 아무도 함께하려 하지 않을 것이다. 서로 돕고 보살펴야 쉬워진다. 혼자만 잘 살려다가 결국은 고난이 왔을 때 누구의 도움도 없이 혼자 지게 된다는 사실을 알아야 한다.

마음의 고뇌를 없애는 방법

한 스승의 마지막 수업 날이었다. 스승은 제자들을 데리고 들판으로 나가 빙 둘러 앉게 했다. 그리고 제자들에게 물었다.

"지금 우리가 앉아 있는 이 들판에는 잡초가 가득하다.
어떻게 하면 이 잡초들을 없앨 수 있느냐?"

평소에 생각해 보지 않은 질문이었기에 제자들은 깊이 있게 생각하지 않고, 건성 으로 대답하기 시작했다.

"삽으로 땅을 갈아엎으면 됩니다."
"불로 태워버리면 깨끗이 없앨 수 있을 것 같습니다."
"뿌리째 뽑아 버리면 됩니다."

제자들의 모든 대답을 경청한 스승은 제자들을 바라보며 말했다.
"이것이 너희들을 향한 나의 마지막 수업이다.
이제 집으로 돌아가 각자가 말했던 대로

자신의 마음에 있는 잡초를 없애 보아라.
만약 잡초를 없애지 못했다면 1년 뒤
다시 이곳에서 만나도록 하자."

어느덧 1년이 흘렀다. 제자들은 무성하게 자란 자기 마음속 잡초 때문에 고민하다
가 약속했던 그곳으로 모였다. 그런데 잡초로 가득했던 그 들판이 곡식으로 가득
한 밭이 되어 있었다. 그리고 들판 한편에 이런 팻말 하나가 꽂혀 있었다.

"들판의 잡초를 없애는 방법 중 가장 좋은 방법은
그 자리에 곡식을 심고 관리하는 것이다.
마찬가지로 마음속에 자라는 잡초 또한 선한 마음으로
어떤 일을 실천할 때 뽑아낼 수 있다."

이기심, 미움, 욕심, 허영, 시기 대신 이타심, 사랑, 인애, 겸손, 존중을 심어 보자.
그러면 어느새 무성했던 마음의 잡초는 사라지고 평안과 기쁨이 찾아올 것이다.

늦은 아침

해는 벌써 중천에 올라가 있는 시간, 느즈막하게 일어났다. 요즘 제주도의 날씨는 요란하다. 이른 아침에는 매섭게 바람이 불고, 점심은 햇볕이 가득해 더운 편이고, 저녁은 해가 지고 나면 쌀쌀하다. 아니 때로는 춥다.

딱 '감기 걸리기 쉬운 환절기 날씨'랄까, 간밤에 나는 주위의 공기가 차가워서 정신없이 떨었다가 지금은 더위에 시달리는 것을 몇일 동안 반복하다보니, 이른 아침에는 도통 정신을 차리기 힘들다.

그래서 아침 알람은 무시하고 몸이 원하는 대로 내던져두는 수면을 택했다. 자연스레 눈이 떠지는 이른 아침에 일어났지만 상태는 '헬렐레'랄까, 세수를 하고 느즈막히 집 앞 카페에 앉아 커피 한 잔을 마시기 위해 나갔다.

그런데 이게 뭔가? 오늘 각자가 다르게 해석한 날씨에 맞는 옷차림을 한 사람들이 카페에 가득하다. 누군가는 얇은 패딩을, 누군가는 반팔을 입은 여름 패션이다. 나는 긴팔 스웨터에 잠바를 입었는데, 카페의 창유리를 뚫고 들어온 햇볕 때문에 몸은 이내 더워졌고, 점점 잠이 오는 상황에 이르렀다.

커피를 마셔도 영 잠은 깨지 않았다. 생각해 보니 치즈케이크를 먹었는데도 배가 차지가 않는다고 생각하며 고개를 떨구게 되었다.

흠~~~~ 피곤하구나.

늦게 아침을 믹어서, 카페를 나올 때가 되니 이미 점심식사 시간이 되었다. 대충 백팩을 둘러매고, 제주 박물관으로 향했다. 버스를 타고 이동하는 데 창가에 앉으니, 뙤약볕에 정수리가 뜨겁다.

정말 날씨 뭐야?

날씨 탓이라도 배가 고프니 점심식사를 하러 재빨리 나는 걸음을 재촉해서 들어갔다.

길을 가던 중에 베이커리 코너에 눈이 갔다. 쟁반 위에 투박하게 잘라놓은 호박설기 같이 생긴 것이 맛있어 보였다.

나는 들어가 주문을 하고 받자마자 호박 설기 같은 케이크를 입에 넣었다. 슴슴한 떡을 좋아하는 나에게 울컥하는 호호불어먹던 호박설기를 떠오르게 하는 무언가의 맛이었다. 입에 넣고 코로 킁킁 냄새를 맡으면 비슷한 발효 밀가루 맛이 올라왔다.

제주에 와서 취향도 사람도 바뀌었다. 이제 나는 아침을 꼭 먹는다고 하기보다 길을 걷다가 다양하고 다른 가능성들이 놓인 상황에 따라 아침을 먹었다.

지금, 날씨는 변화무쌍하지만 내 마음만 하겠는가, 그렇지만 변화무쌍한 아침을 먹고 나면 온몸이 따뜻함으로 깨어나는 기분 좋은 느낌을 가지고 집에 돌아간다.

난 박물관은 뒤로 미루고 천천히 먹다가 집에 돌아왔다.

조대현

63개국, 198개 도시 이상을 여행하면서 강의와 여행 컨설팅, 잡지
등의 칼럼을 쓰고 있다. MBC TV 특강 2회 출연(새로운 나를 찾아
가는 여행, 자녀와 함께 하는 여행)과 꽃보다 청춘 아이슬란드에
아이슬란드 링로드가 나오면서 인기를 얻었고, 퇴사여행, 자녀를
위한 여행 등 다양한 주제의 여행 강의로 인기를 높이고 있으며
"해시태그 트래블" 여행시리즈를 집필하고 있다. 저서로 아이슬란
드, 블라디보스토크, 에든버러, 아이슬란드, 프라하 & 체코, 산티
아고 순례길, 동유럽 소도시 여행, 한 달 살기 제주 등이 출간되었
고 북유럽, 스페인, 호주 등이 발간될 예정이다.

폴라 http://naver.me/xPEdID2t

인생과의 거리두기(자존감여행)

초판 1쇄 인쇄 I 2021년 10월 29일
초판 1쇄 발행 I 2021년 11월 12일

글 · 사진 I 조대현
펴낸곳 I 해시태그출판사
편집 · 교정 I 박수미
디자인 I 서희정

주소 I 서울시 강서구 허준로 175
이메일 I mlove9@naver.com

979-11-91403-50-3 (03920)

※ 일러두기 : 본 도서의 지명은 현지인의 발음에 의거하여 표기하였습니다.